国際仲裁教材

公益社団法人 日本仲裁人協会
模擬国際仲裁プロジェクトチーム 編

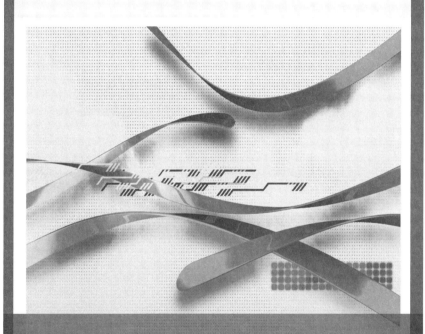

信山社

はしがき

　本書は，日本仲裁人協会（JAA）として，2012年5月29日に実施した模擬国際仲裁及びそれを題材とした研修資料の作成を担当したメンバーを中心に，国際仲裁の遂行にあたり重要な論点についての知見・解説をまとめたものです。

　この模擬仲裁は，日本商事仲裁協会（JCAA），英国仲裁人協会（CIArb.），東京商工会議所，大阪商工会議所と共同主催にて，モリソン・フォースター法律事務所作成による模擬仲裁の教材を基に作成したシナリオにもとづき実施しました。ここに改めて同事務所のご協力に感謝申し上げます。最先端の国際仲裁の準備及び具体的な進行について，東京会場と大阪会場をビデオでつなぐことにより，参加が600人を超す大盛況を得ましたが，このような本格的な模擬国際仲裁を英語で行うのは，日本において初めての試みであり，日本仲裁人協会としても，設立当初からの悲願とも言える最大の課題の1つでした。そして，多くの日本企業をはじめとした法務担当者，企業内弁護士等にも積極的に参加していただいたことは，日本において，いかに国際仲裁が現実かつ具体的な必要性をもった紛争解決手続として重要視されているかだけでなく，実際に活用され，また今後も活用されていくべきものであることを如実に示しております。

　本書の作成にあたっては，同模擬国際仲裁実施にあたってのプロジェクトチーム及び教材作成プロジェクトにおいて次世代を担うべき若手の実務家が，多大なる尽力をされ，仲裁実務を遂行するための教材として素晴らしいものができたと思います。ますますニーズが拡大し，高度化する国際仲裁実務発展のための一助として本書が活用されることを切に望みます。

　2014年12月

公益社団法人日本仲裁人協会常務理事
同模擬国際仲裁プロジェクリーダー

高　取　芳　宏

目　次

目　次

第1章　前説——仲裁とは何か……………………………………………… 1
　　第1　仲裁の意義・種類 ………………………………………………… 1
　　第2　仲裁手続の特徴 …………………………………………………… 5
　　第3　仲裁手続と訴訟手続との関係 …………………………………… 8

第2章　仲裁権限・仲裁合意の範囲についての補足説明 ………… 9
　　第1　仲裁権限・仲裁合意の範囲について …………………………… 9
　　第2　仲裁合意の文言と仲裁廷の判断権限の範囲 …………………… 18

第3章　国際仲裁における文書提出・文書開示（Document Production/Disclosure）についての補足説明 ………… 21
　　第1　はじめに …………………………………………………………… 21
　　第2　IBA国際仲裁証拠調べ規則 ……………………………………… 23
　　第3　IBA証拠規則におけるDocument Production/Disclosureの範囲 ……………………………………………………………… 25
　　第4　仲裁機関が独自の規則等を定めている例—— AAA-ICDRの場合 …………………………………………………………… 28
　　第5　Redfern Schedule ………………………………………………… 29
　　第6　電子的文書の提出・開示（Electronic Document Disclosure） 30

v

目　次

第4章　国際仲裁における秘匿特権（Privileges） …… 33

　第1　はじめに………………………………………………………… 33
　第2　仲裁法及び仲裁規則の規定例………………………………… 36
　第3　解釈及び実務の概括的傾向…………………………………… 45
　第4　秘匿特権の内容及び範囲の解釈について考えられる仲裁廷の
　　　　アプローチの例……………………………………………… 47
　第5　各国の訴訟手続における秘匿特権について ………………… 52
　第6　日本の訴訟手続における「秘匿特権」について …………… 56
　第7　国際仲裁手続において，インハウス・カウンセル（法曹資格
　　　　を有しない日本の会社の法務部員等）に弁護士依頼者間秘匿特
　　　　権は認められるか…………………………………………… 60

● 国际仲裁教材 ●

第1章

前説——仲裁とは何か

第1 仲裁の意義・種類

仲裁とは

> 当事者が,「紛争の解決を第三者の判断にゆだねる旨の合意及びその判断に従うという合意に基づいて紛争を解決すること」(近藤他・6頁)

1 仲裁法及び仲裁規則
- 国内・国際,商事・民事と分けて規律を設ける国もあるが,日本では,国内・国際,民事・商事を問わず,統一的な規律を設けている。

(1) 仲　裁　法
- 現在60カ国・地域以上[1]が,1985年にUNCITRAL[2]が採択したUNCITRALモデル法[3](以下「モデル法」)を参考にして自国の仲裁法を立法してい

---

[1] 一般社団法人日本商事仲裁協会「JCAA The Japan Commercial Arbitration Association 仲裁のご案内」9頁参照。
[2] United Nations Commission on International Trade Law(国連国際商取引法委員会)
[3] UNCITRAL Model Law on International Commercial Arbitration(UNCITRAL国際商事仲裁モデル法)。なお,2006年に改訂されているが,日本は改訂版のモデル法を踏まえた仲裁法改正は行っていない。

第1章　前説—仲裁とは何か

る（例，シンガポール（国際仲裁法），韓国等）。日本の仲裁法もモデル法に準拠[4][5]して制定された。
- モデル法に準拠して仲裁法を立法した各国でも，モデル法の内容と異なる規定を設けているものもあるので，注意が必要である。

(2) 仲裁規則
- 仲裁手続は，当事者の合意あるいは仲裁廷の指示に従って実施される。当事者は，仲裁手続に関し，常設仲裁機関が定めている仲裁規則（例：ICC仲裁規則，LCIA仲裁規則，AAA-ICDR仲裁規則，JCAA仲裁規則）の適用に合意することがある。
- 選択する仲裁機関や利用する仲裁規則によって，仲裁機関の関与の内容，仲裁手続の費用及び手続内容等が異なる。仲裁機関によっては，当該仲裁機関の所定の規則だけでなく，UNCITRAL仲裁規則に従いつつ，手続管理を行うことを引き受けるための仲裁規則を定めている仲裁機関もある[6]。

---

(4) モデル法と日本の仲裁法との主要な違いとしては，①当事者の準拠法の合意がないが，仲裁地が日本である場合の仲裁判断の実体準拠法について，法の適用に関する通則法等の法抵触規則によって決定される法ではなく，「仲裁手続に付された民事上の紛争に最も密接な関係がある国の法令であって事案に直接適用されるべきもの」（仲裁法36条2項）とされている点，及び②仲裁廷又は仲裁人が和解を試みることができるのは，「当事者双方が承諾した場合」であり，かつ当該承諾は別段の合意がない限り「書面でしなければならない」（仲裁法38条4項，5項）ことが明文化されている点が挙げられる（手塚裕之「新仲裁法と国際商事仲裁」（須網隆夫著『ビジネス法務大系Ⅳ 国際ビジネスと法』）（日本評論社，2009年）32-33頁）。

(5) なお，モデル法は元来「国際商事仲裁」のための模範法であり，国際仲裁に適用されるモデル法準拠の（国際）仲裁法と国内仲裁に適用される（国内）仲裁法を別個に制定している国（例　オーストラリア，シンガポール）もあるが，国際仲裁，国内仲裁の区別なくモデル法準拠の仲裁法が適用される国も多い（例　日本，ドイツ）。

(6) 例えば，日本商事仲裁協会も，UNCITRAL仲裁規則に基づく仲裁手続の管理を行っており，このような手続管理のための「UNCITRAL仲裁規則による仲裁の管理および手続に関する準則」を定めている。

2　仲裁の種類

(1)　アドホック仲裁

仲裁機関が関与しない仲裁である。仲裁手続の準則については，当事者が個別に手続を設定する場合もあるが，アドホック仲裁も念頭に作成されたUNCITRAL仲裁規則等を利用する場合もある。

(2)　機関仲裁

仲裁機関を利用する仲裁である。各仲裁機関が提供する各種サービス（例　仲裁人の選任・忌避，仲裁人の報酬の決定，仲裁手続関連文書の発送・管理，予納金の請求・管理，費用の支払い・精算，審問（口頭審理）の設営，通訳の手配等のサポート（各仲裁機関によって異なる））を利用できる[7]。

---

[7]　国際商業会議所（International Chamber of Commerce）のように，仲裁判断案の審査（Scrutiny）までサポートする機関もある。

第1章 前説―仲裁とは何か

≪仲裁機関≫
- 仲裁機関の数
  世界50カ国以上に100以上存在しており，IFCAI（International Federation of Commercial Arbitration Institutions）には，約60の仲裁機関が登録している。
- 仲裁機関の例
  - AAA-ICDR ：American Arbitration Association-International Centre for Dispute Resolution
    （アメリカ仲裁協会－紛争解決国際センター）
  - ICC ：International Chamber of Commerce（国際商業会議所）
  - CIETAC ：China International Economic and Trade Arbitration Commission
    （中国国際経済貿易仲裁委員会）
  - LCIA ：London Court of International Arbitration
    （ロンドン国際仲裁裁判所）
  - SIAC ：Singapore International Arbitration Centre
    （シンガポール国際仲裁センター）
  - JCAA ：Japan Commercial Arbitration Association
    （一般社団法人日本商事仲裁協会）
  - HKIAC ：Hong Kong International Arbitration Centre
    （香港国際仲裁センター）
- 仲裁機関別の国際仲裁事件数[8]

仲裁機関	2007年	2008年	2009年	2010年
AAA-ICDR	621	703	836	888
ICC	599	663	817	793
CIETAC	429	548	560	418
LCIA	137	213	272	237
SIAC	55	71	114	140
JCAA	15	12	17	26
HKIAC	NA	NA	29	16

[8] SIACウェブサイト "NUMBER OF INTERNATIONAL CASES ADMINISTERED BY ARBITRAL INSTITUTIONS"（http://www.siac.org.sg/index.php?option=com_content&view=article&id=435:statistics-2012&catid=36:facts-a-figures&Itemid=73）より2013年8月27日確認。なお，現在当該情報は掲載されていない。）

第2 仲裁手続の特徴

1 訴訟との具体的な相違点

	訴訟	仲裁
判決・判断の執行力（国内）	あり	あり
判決・判断の執行力（国外）	国際的な承認執行条約が締結されていない場合が少なくない。また，相互保証が要件とされることもある。	約150の国・地域が加盟しているニューヨーク条約に基づき，外国仲裁判断の承認執行が可能。
手続実施者[／手続主宰者]	裁判官。当事者は裁判官の選択不可。	仲裁人。当事者は仲裁人の選択可能。
言語	各国の訴訟法で指定された言語。	当事者が合意した言語又は手続に即して決められた言語。
手続の準則	各国の訴訟法により決められている。	仲裁合意における当事者の合意内容や合意した仲裁規則が適用されるほか，事案に応じて，当事者の意思を反映して仲裁廷が決める。
手続，判決・判断の公開	訴訟手続及判決は，公開が原則。	仲裁手続及仲裁判断は，非公開が原則。
上訴の有無	上訴が可能である。	仲裁判断について，訴訟における上訴のような手続は用意されていない。

2 仲裁の特徴・主要なメリットと選択する上での留意点

(1) 仲裁の特徴・主要なメリット

① 公平性・中立性

ホームグラウンド・アドバンテージの懸念がある訴訟よりも，仲裁人を当事

者が選択できる仲裁は，比較的，公平性・中立性が確保しやすい。

② 非 公 開
裁判の公開を原則とする国が多いのに対して，仲裁は，一般的には非公開である。

③ 執　　　行
外国仲裁判断の承認・執行については，日本を含め約150カ国もの国・地域が締約国となっているニューヨーク条約が存在する。同条約によれば，仲裁合意の無効や手続上の重大な瑕疵など極めて限られた承認・執行拒絶事由[9],[10]を拒絶を求める側の当事者が主張・立証しない限り（ニューヨーク条約5条），締約国は，外国仲裁判断を承認・執行する義務を負っている（同条約3条）。これに対し，外国判決については全世界的な多国間条約はないのが現状であり，また各国民事手続法に定める外国判決の承認・執行も，通常は相互保証等を要件とするので承認・執行も難しい。概ね，外国仲裁判断の承認・執行は，外国判決の承認・執行に比して容易とされている。

④ 柔 軟 性
仲裁では，当事者が，仲裁人の数や選任方法，手続言語，手続期間などの手続方法を自由に決めることができるのが原則（⇔ 任意訴訟の禁止）である。また，当事者の合意があれば，法律ではなく「善と衡平」(ex aequo et bono) による仲裁判断も可能である（もっとも実例は少ない）。

⑤ 当事者が選んだ仲裁人による判断
当事者の合意により，国際取引，知的財産，建設，海事等の専門家を仲裁人として選任可能である（もっとも実務では，紛争解決「手続」の進行・主宰の経験が豊富な実務法曹を仲裁廷を構成する仲裁人の一人とすることが多いため，弁護士・

---

[9] 紛争の対象である事項がその国の法令により仲裁による解決が不可能なものであることや，仲裁判断の承認及び執行がその国の公の秩序に反することは承認・執行拒絶事由となる（ニューヨーク条約5条2項）。

[10] 仲裁判断の内容に事実認定や法令の適用に誤りがあることは，仲裁判断の承認・執行拒絶事由とはされていない。

実務経験ある法律学者が選任される場合も多い)。

⑥ 迅 速 性

仲裁では，原則として上訴手続は存在せず，一審限りであるので，必ずしも訴訟が迅速に進行しない国において上訴審まで争われた場合と比較すれば，訴訟に比べ紛争が解決されるまでの時間がかからないと言われている。

(2) 仲裁を選択する上での留意点
① 仲裁合意が必要であること

仲裁を利用するには必ず当事者間の仲裁合意が必要である（⇔ 訴訟では一方的に提訴をなし，訴訟手続を進行させることができる）。したがって，契約関係にない者との紛争を仲裁により解決することは極めて困難である。また，紛争発生後に，仲裁合意を行なおうとしても，締結できない場合が少なくない。

② 仲裁廷の権限の限界

仲裁廷の暫定的保全措置等は，裁判所が命じる保全命令とは異なり，その強制力は限定的であると考える国・地域が多い。証拠調べ等においても，例えば，仲裁廷が証人に出頭を命令して強制的に尋問することなどはできない。ただし，多くの国では，裁判所への保全申立て・証拠調べの援助を求めることが認められているので，仲裁と並行的・補充的に利用することも考えられる。

③ 上訴手続の不存在

仲裁判断に対して，民事訴訟と同様の上訴手続はないため，これがリスクであるとするという考え方もある。

④ 仲裁人報酬・管理運営費用

仲裁の場合，仲裁人の報酬と通信・設備利用費用等の管理運営費用はすべて当事者の負担となる（⇔ 訴訟の場合，裁判所の物的・人的設備は国家が負担する（訴訟手数料，証拠収集・証拠調べの費用を除く））。ただし，紛争解決手続に要する費用の総額については，訴訟・仲裁のいずれが高額であるかは一概には断じがたい。

第3　仲裁手続と訴訟手続との関係

外国仲裁判断の承認及び執行に関する条約（通称：ニューヨーク条約）その他国際条約

● 約150カ国・地域がニューヨーク条約[11]を批准しており（2014年11月時点）[12]，同条約の批准国・地域においては，原則として同条約に則った外国仲裁判断の承認・執行が可能である。各国の仲裁法では，別途仲裁法を立法しないで同条約を直接の根拠として外国仲裁判断の承認・執行を認めるとする国も存するが，日本の仲裁法（平成15年8月1日号外法律138号。2004年3月1日施行）では外国仲裁判断の承認・執行についても1章を割いている（日本仲裁法45条以下）。ニューヨーク条約その他の多国間条約及び二国間条約の適用がない外国仲裁判断の承認・執行については，日本の仲裁法が適用されることになる[13]。

【参照文献】
　近藤他：近藤昌昭他『仲裁法コンメンタール』（商事法務，2003年）

---

[11]　New York Convention on the Recognition and Enforcement of Foreign Arbitral Awards（外国仲裁判断の承認及び執行に関する条約）（1958年）
[12]　http://www.uncitral.org/uncitral/en/uncitral_texts/arbitration/NYConvention_status.html 参照。
[13]　条約と国内法の優先関係については，樋口陽一他『注釈日本国憲法下巻』（青林書院，1988年）1495頁参照。

第2章

仲裁権限・仲裁合意の範囲についての補足説明

第1 仲裁権限・仲裁合意の範囲について

1 仲裁権限・仲裁合意の範囲が問題となる場面

　当事者間の契約書中の仲裁条項の文言次第では、仲裁手続開始後、仲裁廷の仲裁権限・仲裁合意の範囲が争点となり得る場合がある。

　一例をあげると、当事者が、"Any claim, dispute, or controversy arising out of this Agreement or the breach or alleged breach thereof shall be submitted by the parties to binding arbitration with the Japan Commercial Arbitration Association in Tokyo, Japan. The arbitration shall be conducted in accordance with the then pertaining UNCITRAL Rules". との仲裁条項を契約書に設けていたところ、UNCITRAL Model Arbitration Clauseである "Any dispute, controversy or claim arising out of or relating to this contract, or the breach, termination or invalidity thereof, shall be settled by arbitration in accordance with the UNCITRAL Arbitration Rules." とは異なり、"relating to" という文言がないことをもって、申立人が、被申立人の契約上の債務不履行に基づく請求ではなく、被申立人による申立人の知的財産権及び営業秘密の不正使用に基づく請求をした場合、このような請求に関する仲裁は、仲裁廷の仲裁権限・仲裁合意の範囲外であると解釈される余地がある。

　例えば、"arising hereunder" としか規定されておらず "relating to" ないし

第 2 章　仲裁権限・仲裁合意の範囲についての補足説明

"in relation to" との文言のない仲裁条項の範囲はより狭く解されるべきで，当該契約の解釈及び履行に関する紛争のみを対象とする旨判示した米国の連邦第 9 巡回区控訴裁判所の裁判例も存在する[1]。

2　仲裁権限・仲裁合意の範囲が問題となる場合に争点となる事項

仲裁権限・仲裁合意の範囲が問題となる場合，当該契約の解釈に適用される準拠法について合意がなされている場合であっても，当事者が仲裁合意に適用される準拠法を定めていることは実務上極めて稀であることから，仲裁条項を解釈する上で適用される法はどの国の法かが前提問題として生じる。

そして，仲裁条項の解釈に適用される準拠法次第では結論が異なり得ることから，どの国の法が仲裁条項の解釈に適用されるべきかは，重要な争点となり得る。

3　仲裁合意の準拠法に関する考え方

(1)　主要な考え方[2]

そこで，仲裁合意の準拠法をどのように決定すべきかが問題となる。主要な考え方として，当事者の合意を尊重する考え方に加えて，①主契約の準拠法が仲裁合意の準拠法になるとの考え方，②仲裁合意が締結された地の法が準拠法になるとの考え方，③仲裁地の法が仲裁合意の準拠法になるとの考え方，及び④抵触法により仲裁合意の準拠法を決定するという考え方がある。以下，各国のアプローチを若干紹介する。

---

[1]　Mediterranean Enterprises, Inc. v. Ssangyong Corp., 708 F.2d 1458, 1463 (9th Cir. 1983).

[2]　仲裁廷が判断をする場合の特殊性として，①裁判所とは異なり，仲裁廷が直接適用すべき抵触法が存在しないこと，②仲裁廷は有効な仲裁判断を下すべきであり，仲裁判断の取り消しを回避するために，仲裁地の裁判所の判断枠組にも配慮する必要があること，などがある。

(2) 例1〔フランス法[3]〕

…according to a substantive rule of international arbitration law, the arbitration clause is legally independent from the main contract in which it is included or which refers to it and, provided that no mandatory provision of French law or international public policy (ordre public) is affected, that <u>its existence and its validity depends only on common intention of parties, without it being necessary to make reference to a national law.</u>

(3) 例2〔スイス法[4]〕

As regards to its substance, the arbitration agreement shall be valid if it conforms either to the law chosen by the parties, or to the law governing the subject-matter of the dispute, in particular the law governing the main contract, or if it conforms to Swiss Law.

4 仲裁合意の準拠法に関する日本の裁判例の考え方

(1) 最高裁平成9年9月4日判決（判タ969号138頁）（リングリングサーカス事件）

(a) 事案の概要

日本法人と米国法人がサーカスに関する興行契約の中で、「本件興行契約の条項の解釈又は適用を含む紛争が解決できない場合は、その紛争は、当事者の書面による請求に基づき、商事紛争の仲裁に関する国際商業会議所の規則及び

---

[3] Judgement of 20 December 1993, Municipalité de Khoms El Mergeb v. Société Dalico, 1994 Rev. arb. 116, 177 (French Cour de cassation civ. 1e) (Substantive Rules Method (Substantive rules of international arbitration). Gaillard and Savage (eds), Fouchard Gaillard Goldman on International Arbitration (1999) para 435 以下も参照)

[4] Article 178 (2) of the Swiss Federal Statute of Private International Law

手続に従って仲裁に付される。米国法人の申し立てるすべての仲裁手続は東京で行われ，日本法人の申し立てるすべての仲裁手続はニューヨーク市で行われる。各当事者は，仲裁に関する自己の費用を負担する。ただし，両当事者は仲裁人の報酬と経費は等分に負担する」旨の合意をした。なお，興業契約には，仲裁合意の準拠法の合意の規定も興業契約自体の準拠法の合意の規定もなかった。

　日本法人が，興行契約の締結に際して，米国法人の代表者が日本法人を欺罔して損害を被らせたと主張して，米国法人の代表者に対して不法行為に基づく損害賠償請求訴訟を日本の裁判所に提起したところ，米国法人の代表者が，日本法人と米国法人との間の仲裁に関する合意の効力が米国法人の代表者にも及ぶと主張して[5]，訴えの却下を求めた。

(b)　裁判所の判断

　最高裁は，上記事案において，仲裁合意の成立及び効力に関する解釈の準拠法の決定方法について，以下のように述べている。

　　仲裁は，当事者がその間の紛争の解決を第三者である仲裁人の仲裁判断にゆだねることを合意し，右合意に基づいて仲裁判断に当事者が拘束されることにより，訴訟によることなく紛争を解決する手続であるところ，このような当事者間の合意を基礎とする紛争解決手段としての仲裁の本質にかんがみれば，いわゆる国際仲裁における仲裁契約の成立及び効力については，法例

---

[5]　法人による仲裁合意の場合，法人自体のほか，代表者，その他役員等も，一定の状況の下で，仲裁合意によって拘束されるべき場合があるかという問題に関しては，契約法理からして，契約の当事者とされていないものに効力を及ぼすのは背理であることからして否定的に関するのが一般的であったが，近時は肯定説も有力になってきている（小島他・90頁）。本件では，下記のようにニューヨーク市において適用される米国連邦仲裁法が適用されるとした上で，米国の連邦裁判所の判例の示す仲裁契約の物的及び人的範囲についての解釈等に照らせば，日本法人による米国法人の代表者に対する損害賠償請求についても，本件仲裁契約の効力が及ぶと判断した。

7条1項[6]により，第一次的には当事者の意思に従ってその準拠法が定められるべきものと解するのが相当である。そして，仲裁契約中で右準拠法について明示の合意がされていない場合であっても，仲裁地に関する合意の有無やその内容，主たる契約の内容その他諸般の事情に照らし，当事者による黙示の準拠法の合意があると認められるときには，これによるべきである。

最高裁は，上記の仲裁合意の成立及び効力に関する解釈の準拠法の決定方法を用い，以下のように述べている。

前記事実関係によれば，本件仲裁契約においては，仲裁契約の準拠法についての明示の合意はないけれども，「リングリング社（引用者注：米国法人）の申し立てるすべての仲裁手続は東京で行われ，上告人（引用者注：日本法人）の申し立てるすべての仲裁手続はニューヨーク市で行われる。」旨の仲裁地についての合意がされていることなどからすれば，上告人が申し立てる仲裁に関しては，その仲裁地であるニューヨーク市において適用される法律をもって仲裁契約の準拠法とする旨の黙示の合意がされたものと認めるのが相当である。

最高裁は，日本法人の訴えを却下した控訴審の判断を結論において是認した。

(2) 東京地裁平成23年3月10日判決（判タ1358号236頁）

(a) 事案の概要

日本法人とモナコ公国法人が化粧品の販売代理店契約の中で，以下のような仲裁に関する合意をした（契約においては，デストリビューター（Distributor）は日本法人を，プリンシパル（Principal）はモナコ公国法人をさす）。

本契約の違反から発生するまたは関連するすべての論争またはクレームは，デストリビューターが要請した場合には，本契約の解約または取消を含む本

---

[6] 法例7条1項は，「法律行為ノ成立及ヒ効力ニ付テハ当事者ノ意思ニ従ヒ其何レノ国ノ法律ニ依ルヘキカヲ定ム」と規定していた。

第2章 仲裁権限・仲裁合意の範囲についての補足説明

契約に関連しかつその効果に関する意味，履行，効力，権利および救済がモナコの法律によって解釈される国際商工会議所の規則に従ってモナコにおける仲裁によって解決され，プリンシパルが要請した場合には，本契約の解約または取消を含む本契約に関連しかつその効果に関する意味，履行，効力，権利および救済が日本国の法律によって解釈される日本商事仲裁協会の規則に従って日本国東京における仲裁によって解決されるものとする。

（Any and all controversies or claims arising out of or relating to the breach of this Agreement shall be settled by arbitration in Monaco in accordance with the rules of International Chamber of Commerce where meaning, performance, operation, rights and remedies relating to, and the legal effect of this Agreement including its termination or canceling, shall be construed pursuant to the laws of Monaco, the if requested by Distributor, and in Tokyo, Japan in accordance with the rules of the Japan Commercial Arbitration Association, meaning, performance, operation, rights and remedies relating to, and the legal effect of this Agreement including its termination or canceling, shall be construed pursuant to the laws of Japan, if requested by Principal.）

なお，販売代理店契約には，仲裁合意の準拠法の合意の規定がなく，販売代理店契約自体の準拠法の合意の規定もなかったようである。

日本法人が，モナコ公国法人に対して，モナコ公国法人が他の者と共同して日本法人の事業継続を妨害したとして，共同不法行為に基づく損害賠償請求訴訟[7],[8]を提起したところ，モナコ公国法人が，上記販売代理店契約中の仲裁

---

(7) ある契約について仲裁合意がある場合に，その契約に関する不法行為が生じた場合にその仲裁合意の範囲に含まれるかいう問題（仲裁合意の客観的範囲）は，基本的には，仲裁合意の意思解釈の問題と考えられている（三木他・75頁参照）。

(8) 本件において，日本法人が，本件仲裁合意の対象は当事者の販売代理店契約の通常の取引をめぐって生じる契約上の紛議に関する事項に限られるとして，

に関する合意に基づく妨訴抗弁により，却下されるべきだと主張した。

(b) 裁判所の判断

裁判所は，上記訴訟において，仲裁合意の成立及び効力に関する解釈の準拠法の決定方法について，以下のように述べている。

> 仲裁は，当事者がその間の紛争の解決を第三者である仲裁人の仲裁判断に委ねること合意し，右合意に基づいて，仲裁判断に当事者が拘束されることにより，訴訟によることなく紛争を解決する手続であるところ，このような当事者間の合意を基礎とする紛争解決手段としての仲裁の本質にかんがみれば，いわゆる国際仲裁における仲裁契約の成立及び効力については，法の適用に関する通則法7条により，第一次的には当事者の意思に従ってその準拠法が定められるべきものと解することが相当である。そして仲裁契約中で右準拠法についても明示の合意がされていない場合であっても，仲裁地に関する合意の有無やその内容，主たる契約の内容やその他諸般の事情に照らし，当事者による黙示の準拠法の合意があると認められるときには，これによるべきである。

裁判所は，上記の仲裁合意の成立及び効力に関する解釈の準拠法の決定方法を用い，以下のように述べている。

> 本件仲裁合意においては，本件仲裁合意の準拠法についての明示の条項はないけれども，被告（引用者注：モナコ公国法人）の申し立てる仲裁手続は東京で行われ，原告（引用者注：日本法人）が申し立てる仲裁手続はモナコ公国で行われる旨の仲裁地についての合意がなされていることなどからすれば，原告が申し立てる仲裁に関しては，その仲裁地であるモナコ公国において適用される法律をもって仲裁契約の準拠法とする旨の黙示の合意がされているものと認めるのが相当である。

審理対象である損害賠償請求は仲裁合意の範囲外であると主張したが，裁判所はその主張を斥けた。

裁判所は，モナコ公国法人の妨訴抗弁を認め，日本法人の訴えを却下した。

(3) 東京高裁平成 22 年 12 月 21 日判決（判時 2112 号 36 頁）
(a) 事案の概要

港湾運送事業を営む日本法人 X が，海運仲立業者である日本法人 A から紹介された船舶所有者である韓国法人 Y との間で，日本ナホトカ間の定期傭船を目的とする契約を締結した。作成された契約書には仲裁条項が記載されていなかったが，上記契約書において詳細は A の傭船契約の書式によるとされていたところ，同書式（英文）には，ニューヨークでの仲裁を規定したもとの条項を抹消した上で，当事者間で紛争が生じた場合には東京において日本海運集会所の仲裁に付する旨の条項が置かれていた。ただし，契約書作成当時上記書式は当事者に交付されておらず，後日 A から当事者双方に送付されていた。なお，当該書式には，仲裁合意の準拠法の合意の規定がなく，傭船契約自体の準拠法の合意の規定もなかった。

X は上記契約書作成後 Y から船舶の引渡を受け，Y に傭船料を支払っていた。その後，上記船舶が積荷を積んでナホトカ港に入港した際，船長が積荷を過少申告したためにロシア当局から本件の差押えを受けたことなどから，X と Y は定期傭船契約を合意解除した。

X が Y を相手方として日本海運集会所に損害賠償等を求めて仲裁申立てをしたところ，Y は X・Y 間の定期傭船契約にはニューヨークを仲裁地とする仲裁条項が規定されているから，日本海運集会所の仲裁に参加する義務はないと主張したことから，X が Y を被告として，日本の裁判所に仲裁申立てと同一の原因に基づく民事訴訟を提起した。

原判決が，X・Y 間の定期傭船契約が引用している契約書式には東京における仲裁条項規定されているとして X の訴えを却下したところ，X が控訴した。

(b) 裁判所の判断

裁判所は，上記の仲裁合意の成立及び効力に関する解釈の準拠法の決定方法

第 1 仲裁権限・仲裁合意の範囲について

につき，以下のように述べている(9)。

　当事者間の合意を基礎とする紛争解決手段としての仲裁の本質にかんがみれば，本件のような国際仲裁における仲裁合意の成立及び効力並びに方式については，法の適用に関する通則法附則3条3項の規定に基づき，平成18年法律第78号による改正前の法例7条及び8条の規定によって判断すべきこととなる。これによれば，仲裁合意の成立及び効力並びに方式は，原則として当事者の意思に従っていずれの国の法律によるべきかを決定すべきであり，この点について明示の合意がされていない場合であっても，当事者が主たる契約について適用すべき法律を指定するなど，当事者による黙示の準拠法の合意があると認められるときにはこれによるべきことになるが，このような黙示の合意も認められない場合には，仲裁法44条1項2号，45条2項2号の規定の趣旨にかんがみ，当該仲裁合意において仲裁地とされている地の属する国の法律によるべきものと解するのが相当である。

　裁判所は，本件仲裁条項による仲裁合意の成立及び効力並びに方式については，本件仲裁条項において仲裁地とされている東京の属する国である日本の法律によって判断すべきとした。

---

(9) 本裁判例では，仲裁合意の準拠法のほか，仲裁法13条2項，3項の規定する書面性の充足の有無，仲裁合意の成立の有無が問題となった。

第2章　仲裁権限・仲裁合意の範囲についての補足説明

(10)

第2　仲裁合意の文言と仲裁廷の判断権限の範囲

1　仲裁合意の文言と仲裁廷の判断権限の範囲に関する裁判例（Fiona Trust 事件）

　前提問題として仲裁合意（仲裁条項）の準拠法をどのように定めるべきかについて考え方が分かれていることを紹介したが，仲裁条項の文言を解釈するという実際の局面において，実際にはどのようになされているのであろうか。

　この点については，England & Wales の裁判所における著名な事件として，Fiona Trust 事件がある。Fiona Trust 事件では，仲裁合意（仲裁条項）が "any dispute arising under this charter", "arisen out of this charter" と規定している場合に，「契約が贈賄により締結されたものであり，取り消し得るか否かに関する当事者間の紛争」が，仲裁合意の範囲に含まれているかが問題となった。

Fiona Trust & Holding Corp and others v Yuri Privalov and others [2007] EWCA Civ 20, [2007] UKHL 40, [2007] 1 All ER（Comm）891
Court of Appeal（Longmore LJ's speech）:

　For our part we consider that the time has now come for a line of some sort to be drawn and a fresh start made at any rate for cases arising in an international commercial context. Ordinary businessmen would be surprised at the nice distinctions drawn in the cases and the time taken up by argument in debating whether a particular case falls within one set of words or another very similar set of words…If any businessman did want to exclude disputes about the validity of a contract, it would be comparatively simple to say so.

---

(10)　当該問題には仲裁条項の準拠法がどの法であるかという問題が密接に関連する。

Fiona Trust and others v Privalov and others [2007] UKHK 40
House of Lords (Lord Hoffman's Speech):

　In my opinion the construction of an arbitration clause should start from the assumption that the parties, as rational businessmen, are likely to have intended any dispute arising out of the relationship into which they have entered or purported to enter to be decided by the same tribunal. The clause should be construed in accordance with this presumption unless the language makes it clear that certain questions were intended to be excluded from the arbitrator's jurisdiction. As Longmore LJ remarked, at para 17: "if any businessman did want to exclude disputes about the validity of a contract, it would be comparatively easy to say so."

　以上からもわかるように，Fiona Trust 事件における判断のポイントは，仲裁条項を「（合理的な）通常のビジネスマン」の観点から解釈すべきであり，その観点からは，仲裁廷の判断権限を判断するときに文言上の小さな相違点は重視されるべきではなく，また，個別に除外されない限りは仲裁条項の当事者間での争いはすべて仲裁で解決されると考えるべきことを示唆している点である。本章の冒頭で紹介した米国の 9th Circuit の判断と反対に考えていることが注目に値するであろう。

2　実務上の指針
　以上の諸点を踏まえると，仲裁条項をドラフティングする際の実務上の指針は次のとおりである。
① 　仲裁条項が対象とする紛争の範囲を狭く解釈することは，国際的な潮流に反すると考えられている（「親仲裁」の解釈。当事者は，当事者間の全ての紛争を仲裁によって解決することを意図していることを出発点とする）。

② しかし，このような国際的な潮流があったとしても，余計な争いを避けるために，仲裁合意はなるべく広い範囲の紛争を含むように規定するべきである。

③ そして，当事者間において，特定の紛争を除外したい場合には，その旨を明示することが望ましい。

④ 最後に，仲裁条項のドラフティングに関しては，IBA 国際仲裁条項ドラフティング・ガイドラインが公表されているので，こちらも参照するべきである。

【参照文献】
小島他：小島武司＝高桑昭編「注釈と論点　仲裁法」（青林書院，2007 年）
三木他：三木浩一＝山本和彦編「新仲裁法の理論と実務」（ジュリスト増刊）（有斐閣，2006 年）

第3章

国際仲裁における文書提出・文書開示（Document Production/Disclosure）についての補足説明

第1　はじめに

- 一般に，各国の仲裁法や，各仲裁機関の仲裁規則は，仲裁手続における証拠規則（証拠関係の手続ルールのこと。以下，同じ。）について，詳細な規定を置いていない。
- 例えば，UNCITRAL モデル法19条1項及び2項前段は，仲裁手続の準則について，第一次的には当事者が定め，当事者の合意がない場合には仲裁廷が定めることを規定し，3項は当事者が仲裁手続のルールを定めない場合の仲裁廷の証拠に関する判断権限を規定するが，文書提出・文書開示といった具体的な問題に関して特段の定めはなされていない。また，各仲裁機関の仲裁規則においても，仲裁廷に文書提出・文書開示について決定権限がある旨明示的に規定するものがあるが[1]，詳細な証拠規則まで規定されていないのが通常である。
- 当事者間に別段の合意がない場合，仲裁廷には，証拠手続について広い裁量権が与えられているのが通例である。したがって，当事者間で合意ができなければ，最終的には，証拠手続の詳細については仲裁廷が定めること

---

(1) JCAA の商事仲裁規則50条4項等。

となる。例えば，一方当事者から他方当事者に対して，所持する文書を提出・開示するよう要求がなされた場合，どのような手続・ルールで進めるかは，最終的には仲裁廷の判断に委ねられる。

● しかし，証拠法の分野は，コモンロー系と大陸法系とで，基本的なアプローチが大きく異なっていることから，仲裁人や当事者の法的バックグラウンドが異なる場合，いかなるアプローチを採用するかにつき，実務上争いや誤解が生じることが多々ある。

● 例えば，コモンロー系の証拠法のアプローチによる場合，米国民事訴訟におけるディスカバリーのように，当事者に広汎な文書提出・開示義務を課すのが一般的である。これに対して，大陸法系のアプローチによる場合，一般的には，当事者は自己の保有する文書にのみ依拠できるのが原則であり，相手方に対する文書提出・開示義務は限定的である。国際仲裁の実務上，文書提出・文書開示の範囲について争いになることが多いところ，仲裁人や当事者の法的バックグラウンドが異なる場合は，これをどのように調整するかが問題になる。

第2 IBA 国際仲裁証拠調べ規則

- 国際仲裁における証拠手続をめぐる上記のような問題について調整を図るため,国際法曹協会（International Bar Association）（「IBA」）は,国際仲裁のための証拠規則を作成した。
- IBA の Arbitration Committee（当時の名称は Committee D）において,コモンロー系と大陸法系双方の仲裁専門家からなるワーキンググループでの議論を経て 1999 年に制定されたのが,IBA 国際商事仲裁証拠調べ規則（IBA Rules on the Taking of Evidence in International Commercial Arbitration）（「IBA 旧規則」）である。これは,国際仲裁における証拠調べ期日の手続,文書の提出,事実証人,専門家証人,検証の仕組み等を定めるものである。
- IBA 旧規則は,1999 年の制定後,国際仲裁の実務において広く利用されてきたが,制定後 10 年を経て,電子的文書の取扱いや,当事者が自ら提出した書証についての秘密保持義務等,IBA 旧規則において必ずしもルールが明確でなかった点や,現代的ニーズに応える必要のある点についての改正の必要性が論じられるようになった。改正に向けた多数の会議・協議を経て,2010 年 5 月,新規則である IBA 国際仲裁証拠調べ規則（IBA Rules on the Taking of Evidence in International Arbitration）（「IBA 証拠規則」）が制定された。公益社団法人日本仲裁人協会は IBA 証拠規則の日本語訳を作成しており,原文英語版及び各国語版とともに IBA ウェブサイトに掲載されている。(http://www.ibanet.org/LPD/Dispute_Resolution_Section/Arbitration/Projects.aspx)
- IBA 証拠規則を利用する方法として,①基本契約中の仲裁条項において IBA 証拠規則の全部又は一部を採用することに予め合意する,②仲裁手続開始時・開始後に当事者間で利用について合意する,③仲裁人からの提案等により当該仲裁手続の規則又はガイドラインとして利用する,といったものがある。

第3章 国際仲裁における文書提出・文書開示(Document Production/Disclosure)についての補足説明

- IBA国際仲裁条項ドラフティング・ガイドライン(IBA Guidelines for Drafting International Arbitration Clauses)には、仲裁条項においてIBA証拠規則を採用することに合意する場合のモデル条項が、以下のとおり掲載されている[2]。

> (原文)
> [In addition to the authority conferred upon the arbitral tribunal by the [arbitration rules]], the arbitral tribunal shall have the authority to order production of documents [in accordance with] [taking guidance from] the IBA Rules on the Taking of Evidence in International Arbitration [as current on the date of this agreement/the commencement of the arbitration].
>
> (日本語訳)
> [[仲裁規則により] 仲裁廷に授与された権限に加え、] 仲裁廷は、[本契約の締結時/仲裁の開始時において有効な] IBA国際仲裁証拠調べ規則 [に従い] [を指針として] 文書提出を命ずる権限を有する。

---

[2] http://www.ibanet.org/ENews_Archive/IBA_27October_2010_Arbitration_Clauses_Guidelines.aspx
　また、公益社団法人日本仲裁人協会が作成したIBA国際仲裁条項ドラフティング・ガイドラインの日本語訳がIBAのウェブサイトで入手可能である。
　http://www.ibanet.org/Publications/publications_IBA_guides_and_free_materials.aspx#drafting

第3 IBA 証拠規則における Document Production/Disclosure の範囲

- IBA 証拠規則3条（文書）は，以下のとおり規定している：

> 1. 各当事者は，仲裁廷が定めた期間内に，仲裁廷及び他の当事者に対し，既に他の当事者から提出されているものを除き，公文書及び公知文書を含む，自らが依拠する入手可能な全ての文書を提出しなければならない。
> 2. いかなる当事者も，仲裁廷が定めた期間内に，仲裁廷及び他の当事者の双方に対し，文書提出要求を提出（submit）することができる。
> 3. 文書提出要求には，以下の事項を含むものとする。
>   (a)(i)特定可能な程度の各文書の表示，又は
>   (ii)存在することが合理的に認められる対象文書の十分に限定かつ特定されたカテゴリーの表示（文書の趣旨（subject matter）等）。ただし，対象文書が電子的形式で保存されているときは，文書提出要求を行った当事者は，特定のファイル名，検索条件，個人名，又は効率的かつ経済的に対象文書を検索するための他の方法により特定することができ，また，仲裁廷は同様の特定を命じることができる。
>   (b)対象文書が，どのように当該仲裁事件と関連性を有しており，かつ当該仲裁事件の結果にとって重要であるのかについての記述，並びに
>   (c)(i)文書提出要求を行った当事者が対象文書を所持，管理若しくは支配していない旨の記述，又は文書提出要求を行った当事者が対象文書を提出する場合に当該当事者にとって不合理な負担となる理由の記述，及び
>   (ii)文書提出要求を行った当事者において他の当事者が対象文書を所持，管理又は支配していると信じる理由の記述
> 4. 文書提出要求を受けた当事者は，仲裁廷が定めた期間内に，他の当事者に対し，さらに仲裁廷の命令があれば仲裁廷に対し，自ら所持，管理又は支配する全ての対象文書のうち異議のないものを提出しなければならない。

- IBA 証拠規則3条は，各当事者が，まずは自らが依拠する文書を提出すべきであるとする原則を明確にし，その上で，各当事者から相手方に対する，合理的な制限が付された追加の書面要求を規定している。この中でも特に

第3章　国際仲裁における文書提出・文書開示（Document Production/Disclosure）についての補足説明

重要な制限は，3.3条(b)が定める「関連性」及び「結果にとって重要」という要件である。「結果にとって重要」という要件は，文書提出要求を行う当事者としてはその証明が負担となるケースがあり，一方，仲裁廷としては，当該要件に基づき関連性の存在が明らかな文書を，「結果にとって重要」ではないと判断することを可能にする。したがって，国際仲裁の手続において，同条が適用される限り，米国民事訴訟におけるディスカバリーのように，当事者に非常に広汎な範囲の文書提出・文書開示を求めることはできないことになる。

- 文書提出要求を無制限に認めることは，関係者全員に多大な負担を課し，手続の遅延をもたらし得ることから，一定の合理的な制限を設けることが必要となる。

この点に関し，IBA証拠規則3条は，以下のとおり規定する：

---

5. 文書提出要求を受けた当事者は，対象文書の全部又は一部につき異議があるときは，仲裁廷が定めた期間内に，仲裁廷及び他の当事者に対し，書面により異議を述べなければならない。当該異議の事由は，9.2条に規定する事由又は3.3条の要件の不充足のいずれかとする。
6. 仲裁廷は，当事者から異議の申立てがあったときは，関連当事者に対し，当該異議を解決することを目的として協議するよう促す（invite）ことができる。
7. いずれの当事者も，仲裁廷が定めた期間内に，仲裁廷に対し，異議に対する判断を求めることができる。その場合，仲裁廷は，適時に，他の当事者と協議のうえ，文書提出要求及び異議について検討しなければならない。仲裁廷は，文書提出要求を受けた当事者に対し，当該当事者が所持，管理又は支配しているあらゆる対象文書のうち，(i)文書提出要求を行った当事者が立証しようとする事項が当該仲裁事件と関連性を有しており，かつ当該仲裁事件の結果にとって重要であり，(ii) 9.2条に規定するいかなる異議事由も適用されず，かつ(iii) 3.3条に規定する要件が充足されていると判断したものについて，提出を命ずることができる。提出命令の対象となった全ての文書は，他の当事者に対し，さらに仲裁廷の命令があれば仲裁廷に対し，提出（produce）されなければならない。

第 3　IBA 証拠規則における Document Production/Disclosure の範囲

- 仲裁廷が必要と判断した場合には，management meeting と呼ばれる会議を両当事者の代理人との間で開催することがある。management meeting は，文書提出要求を合理的な範囲に限定することを目的としている。通常，この management meeting によって，文書提出要求における文書のカテゴリーで争いがあるものは数種に限定され，その上で，仲裁廷は手続を management meeting からヒアリングに移行し，当事者は，争いのあるカテゴリーに関しそれぞれ主張を行うこととなる。かかる主張を受け，仲裁廷はカテゴリーに関する決定を下す。
- 当事者が合理的理由なく文書提出命令に従わなかった場合等につき，IBA 証拠規則9条は，以下のとおり規定する（不利益推認（adverse inferences））：

> 5.　当事者が，文書提出要求に関し，適時に異議を申し立てず，かつ十分な説明をしないで求められた文書を提出しなかったとき，又は仲裁廷が提出を命じた文書を提出しなかったときは，仲裁廷は，当該文書が当該当事者にとって不利益なものである（adverse to the interest of that Party）と推認することができる。
> 6.　当事者が，その他の関連証拠（証言を含む。）の提出要求に関し，適時に異議を申し立てず，かつ十分な説明をしないで当該証拠を利用可能にしなかったとき，又は仲裁廷が提供を命じた証拠（証言を含む。）を利用可能にしなかったときは，仲裁廷は，当該証拠が当該当事者にとって不利益なものである（adverse to the interest of that Party）と推認することができる。

第3章　国際仲裁における文書提出・文書開示（Document Production/Disclosure）についての補足説明

第4　仲裁機関が独自の規則等を定めている例 ── AAA-ICDR の場合

- 前記のとおり，各仲裁機関の仲裁規則は，国際仲裁における証拠規則について詳細な規定を置いていないことが多いが，仲裁機関によっては，一定の規則等を定めている例もある。
- 例えば，アメリカ仲裁協会（The American Arbitration Association）の国際部門である紛争解決国際センター（The International Centre for Dispute Resolution，以下「ICDR」という。）は，国際仲裁規則（International Arbitration Rules）において，文書提出・文書開示の手続について，比較的詳細な規定を置いている。
- ICDR 国際仲裁規則 21 条は，各当事者が自ら依拠しようとする全ての文書を開示するよう定めている（同 3 項）。また，同条は，相手方当事者が保持する文書の取り扱いについて，仲裁廷は，当事者からの申立てがある場合には，一定の要件に従って，相手方当事者に対して保持する文書を提供するよう求めることができるとしている（同 4 項）。提供の要求の対象となる文書は，提供を求める当事者が他の手段では入手ができず，存在すると合理的に考えられ，かつ事件の結果に対して関連性（relevant）及び重要性を有する（material）必要がある（同 4 項）。また，同条は，電子的方法で保存されている文書の提供に関する取り扱いについても規定している（同 6 項）。さらに，米国裁判手続で利用されている証言録取（depositions），質問書（interrogatories）といった手続は，ICDR 国際仲裁規則による仲裁の証拠収集手続としては適当でない旨が規定されている（同 10 項）。
- 上記のとおり，ICDR 国際仲裁規則では，文書提出の要求を行うためには，事件の結果に対する関連性だけでなく重要性も有していることが必要であるとしていることから，米国民事訴訟のディスカバリー手続とは異なり，文書の開示の範囲が過度に広がりすぎないよう配慮されている。

第5 Redfern Schedule

- 国際仲裁における当事者からの文書提出要求を仲裁廷が処理するにあたっては，実務上，Redfern Schedule という一覧表が用いられることがしばしばある。
- Redfern Schedule とは，その考案者である仲裁専門家 Alan Redfern 弁護士の名前に由来する一覧表であり，文書提出要求における対象文書ないしカテゴリー，要求根拠，相手方の異議，仲裁廷の判断を以下のような一覧表の形式で記載したものである。

Request No.	Description of Requested Disclosures	Requesting Party's Justification	Requested Party's Position	Arbitral Tribunal's Decision
1.	[Provide description of requested documents from the Request to Produce. List each request separately]	[State justification for the request, based on relevance and materiality and possession, custody or control, as set out in the Request to Produce]	[State whether the other party agrees or not to produce the requested documents. If it objects, provide reasons why it objects]	[Arbitral Tribunal to insert decision on whether the requested documents should be produced or not]
2.				
3.				
4.				
5.				

第3章　国際仲裁における文書提出・文書開示（Document Production/Disclosure）についての補足説明

第6　電子的文書の提出・開示（Electronic Document Disclosure）

- 今日，ビジネスの現場で生成される情報，通信その他の情報の80パーセントは，電子的形式で保存されていると言われている。今日の国際仲裁においても，電子的形式で保存されている文書（PCのハードディスク，CD，DVD，USB等で保存）をどう扱うかは重要な問題である。
- IBA証拠規則の定義規定において「『文書』とは，紙媒体又は電子的方法，聴覚的方法，視覚的方法若しくはその他の方法のいずれの方法により記録又は保存されているかを問わず，あらゆる種類の書面，通信，画像，描写，プログラム又はデータをいう。」と定義されている。
- IBA証拠規則3条は，電子的文書について以下のように規定する：

> 3. 文書提出要求には，以下の事項を含むものとする。
>   (a)(i) 特定可能な程度の各文書の表示，又は
>   (ii) 存在することが合理的に認められる対象文書の十分に限定かつ特定されたカテゴリーの表示（文書の趣旨（subject matter）等）。ただし，対象文書が電子的形式で保存されているときは，文書提出要求を行った当事者は，特定のファイル名，検索条件，個人名，又は効率的かつ経済的に対象文書を検索するための他の方法により特定することができ，また，仲裁廷は同様の特定を命じることができる。
> 12. 文書の提出（submission of production of Documents）の形式に関して：
>   (a) 文書の写しは，原本と同一でなければならず，仲裁廷の要求があれば，検証のため原本を提示しなければならない。
>   (b) 当事者により電子的形式で保存されている文書は，当該当事者にとって最も簡便又は経済的で，かつ文書の受領者にとって合理的に利用可能な形式で提出されなければならない。ただし，当事者に別段の合意があるとき，又は合意がない場合で仲裁廷が別段の判断をしたときは，この限りでない。
>   (c) 当事者は，仲裁廷が別段の判断をしない限り，本質的に内容が同一である文書の写しを複数提出することを要しない。

第6　電子的文書の提出・開示（Electronic Document Disclosure）

(d)文書の翻訳は，原本とともに提出されなければならず，かつ，もとの言語を特定したうえ，翻訳であることが示されなければならない。

- 電子的形式で保存されている文書であれ，紙媒体の文書であれ，IBA 証拠規則 3.3 条(b)が規定する，仲裁事件との関連性及び仲裁事件の結果への重要性との要件を充足する必要がある点並びに 9.2 条の異議事由が適用されない必要がある点では同様である。
- なお，前記のとおり，ICDR 国際仲裁規則は，電子的方法で保存されている文書の提供に関する取り扱いについても規定している。同規則 21 条 6 項は，電子的方法で保存されている文書の提供の際には，原則として最も便利（convenient）かつ経済的（economical）な方式で提供すればよいとしている。また，同項は，電子的方法で保存されている文書の提供の要求は，焦点を絞った（narrowly focused）ものであり，かつ体系的（structured）なものであるべきとしている。

【参照文献】
井口直樹・落合孝文・高橋直樹・石田裕子「日本仲裁人協会（JAA）模擬国際仲裁セミナー実施報告(1)」（JCA ジャーナル 59 巻 9 号 14 頁以下）
井口直樹・落合孝文・高橋直樹・石田裕子「日本仲裁人協会（JAA）模擬国際仲裁セミナー実施報告(2)」（JCA ジャーナル 59 巻 10 号 10 頁以下）
手塚裕之「新仲裁法と国際商事仲裁」（須網・道垣内編「ビジネス法務大系Ⅳ国際ビジネスと法」）236 頁以下
手塚裕之「新 IBA 国際仲裁証拠調べ規則について」（JCA ジャーナル 58 巻 1 号 6 頁以下）
Nigel Blackaby and Constantine Partasides with Alan Redfern and Martin Hunter「Redfern and Hunter on International Arbitration [Fifth Edition]」（Oxford University Press）

第4章

国際仲裁における秘匿特権（Privileges）

第1　はじめに

「秘匿特権（privileges）」とは：
　　民事訴訟・仲裁等手続における証拠の開示に際して，一定の書証又は証言の開示を拒絶することができる一方当事者の法的権利をいう。
- 秘匿特権の種類としては弁護士依頼者間秘匿特権（attorney-client privileges）をはじめとする専門家秘匿特権（professional privileges），自己負罪拒否特権，営業秘密（business secrets）の秘匿特権，和解協議に関する秘匿特権（settlement privileges）などが各国法制下において認められているが，その取り扱いは一様ではない。なお，本稿では主に弁護士依頼者間秘匿特権について検討し，単に秘匿特権という場合弁護士依頼者間秘匿特権を指す。
- 弁護士依頼者間秘匿特権とは，法律上の助言を求めるために弁護士と依頼者の間で交わされたコミュニケーションについて認められる秘匿特権である。各国の弁護士依頼者間秘匿特権の例については後述第5参照。
- 類似する概念として，英米法系におけるワークプロダクトの法理や大陸法系における弁護士の秘密保持義務がある。
　◆ ワークプロダクトの法理：
　　　当事者や弁護士その他の関係者が訴訟のために作成した文書等について，必要性が高く，かつ，他の手段で同等のものを入手するのが困難であると

第 4 章　国際仲裁における秘匿特権（Privileges）

裁判所が判断した場合でない限り，相手方による証拠開示を免れる法理。作成者が弁護士に限定されない点や，絶対的に保護を受けるわけではない点が，弁護士依頼者間秘匿特権と異なる。

◆ 弁護士の秘密保持義務：

　　法曹倫理規程や刑法に基づき弁護士が専門家（professional）として負う秘密保持義務。一般に，弁護士依頼者間秘匿特権は法的助言を受ける目的であったか等によって対象範囲が制限されるのに対し，秘密保持義務は弁護士がクライアントについて知っている事実全てを対象とする点や，秘密保持義務は弁護士によってのみ主張・放棄できる（依頼者は自身の権利として主張できるわけではない）点で，秘匿特権と異なるとされる[1]。

● 国際仲裁では，探索的開示請求（intrusive discovery）を認める英米法（コモンロー）のアプローチの影響を受け，文書開示が認められる範囲が広がる傾向にあり，これに伴い秘匿特権の意義も一層重要性が強まっているといわれている。しかし，コモンローの法文化に属する国では，一般に大陸法の法文化に属する国より文書開示義務が広く認められ，その反面秘匿特権の概念が確立しているともいわれるように，そもそも各国法における秘匿特権の取り扱いは一様でなく，国際仲裁において，両当事者及び仲裁廷を構成する仲裁人がそれぞれ異なる秘匿特権概念を有する司法制度に属するケースは往々にして生じ得る。そのような場合に当該仲裁手続において秘匿特権を認める範囲をどう解釈すべきかが問題となる。

● 国際仲裁における秘匿特権の有無の判断アプローチについては，理論的には多様なアプローチが考えられるなか（下記第 4 参照），指針となるべき文献は乏しく，各国の仲裁法や各仲裁機関の仲裁規則のうち，秘匿特権に関する明示の規定を持つものも少ない（下記第 2 参照）。

　　しかし，実務上の趨勢は，仲裁が本質的に当事者の「合意」に基づく解決手段であることや秘匿特権は手続的事項であるとの理解に基づき，当事者の

---

[1]　Zuberbühler・172 頁

合意ないしは当事者が合意した手続規則により定められるべきものと考えるものと思われる。すなわち，実際の仲裁の場面では，まずは当事者が当該手続における秘匿特権自体の適用の有無，各当事者が秘匿特権を主張する文書のリスト（privilege log（第3参照））の利用の有無，当該リストに記載した個別の秘匿特権の主張の是非について合意できるかどうかを模索し，当事者が合意できない場合には，付託を受けている仲裁人が，ケースの性質（目的となる契約の内容，履行場所，損害発生や損害の回収が予定される場所及びそれに関する当事者の予測可能性など），準拠法，適用される手続規則・仲裁規則，それぞれの当事者が所属する法域（jurisdiction）や法文化（特に，当事者にとってディスカバリーや秘匿特権が当該ケースに適用されるという予測可能性があったか）などを総合的に判断して決めていく，というのが主流と思われる。その際，各ケースにおいて「その仲裁廷」がどう判断するかはケースバイケースで異なり得るところであり，当事者双方がコモンローあるいは大陸法いずれの法文化に属するか，どちらで設立された法人かなどは，それぞれ重要ではあるが上記の各種の判断要素のひとつに過ぎない。

第4章 国際仲裁における秘匿特権(Privileges)

第2 仲裁法及び仲裁規則の規定例

1 仲裁法の規定例
● 各国の仲裁法は,手続一般について,手続の準則に関する当事者の合意がない場合は仲裁廷が(適切と考える方法により)実施するとするものが多いが,秘匿特権の内容・範囲について具体的に規定するものは見られない。なお,一口に「秘匿特権」と言っても,法域や司法制度によって範囲や具体的適用場面は異なり得ることに注意が必要である(詳細につき下記第5参照)。

(1) 日本仲裁法

> 26条(仲裁手続の準則)
> 1 仲裁廷が従うべき仲裁手続の準則は,当事者が合意により定めるところによる。ただし,この法律の公の秩序に関する規定に反してはならない。
> 2 <u>前項の合意がないときは,仲裁廷は,この法律の規定に反しない限り,適当と認める方法によって仲裁手続を実施することができる。</u>
> 3 第一項の合意がない場合における仲裁廷の権限には,証拠に関し,証拠としての許容性,取調べの必要性及びその証明力についての判断をする権限が含まれる。

● 国際商事仲裁に関するUNCITRALモデル法(以下「UNCITRALモデル法」)19条にほぼ忠実な規定である。

> UNCITRAL モデル法(和訳)
> 19条(手続規則の決定)
> 1 この法律の規定に反しない限り,当事者は,仲裁廷が手続を進めるに当って従うべき手続規則を,自由に合意して定めることができる。
> 2 かかる合意がないときは,仲裁廷は,この法律の規定に反しない限り,適当と認める方法で仲裁を進行させることができる。仲裁廷に付与された権能は,証拠の許容性,関連性,重要性及び証明力について決定する権能を含む。

(2) 1996年英国仲裁法

Article 34 (Procedural and evidential matters)
1 <u>It shall be for the tribunal to decide all procedural and evidential matters</u>, subject to the right of the parties to agree any matter.
Article 43 (Securing the attendance of witnesses)
1 A party to arbitral proceedings may use the same court procedures as are available in relation to legal proceedings to secure the attendance before the tribunal of a witness in order to give oral testimony or to produce documents or other material evidence.
4 <u>A person shall not be compelled by virtue of this section to produce any document or other material evidence which he could not be compelled to produce in legal proceedings.</u>

(3) 米国連邦仲裁法

Article 7 (Witness before arbitrators; fees; compelling attendance)
<u>The arbitrators</u> selected either as prescribed in this title or otherwise, or a majority of them, <u>may summon</u> in writing any person to attend before them or any of them as a witness and in a proper case <u>to bring with him or them any book, record, document or paper</u> which may be deemed <u>material as evidence</u> in the case.

- 法文上は,「重要な」証拠に開示を限定するかのように読めるものの,米国裁判所の多くは仲裁廷に幅広く文書開示を命じる権限を認めているようである[2]。また,秘匿特権については同法に明示の規定はないが,下級審は,法廷で適用され得る秘匿特権は,仲裁廷の開示命令に対しても適用されると判断しているとの指摘がある[3]。
- United States Revised Uniform Arbitration Act of 2000(約10州が採用)

---

(2) Born (2014)・2326頁
(3) Born (2011)・766頁

第4章 国際仲裁における秘匿特権（Privileges）

は仲裁廷が，州裁判所が民事訴訟手続で適用できるのと同じ限度で秘匿特権を考慮できる旨の明示の規定（s17 (e)）を持つ。

> **SECTION 17. WITNESSES; SUBPOENAS; DEPOSITIONS; DISCOVERY.**
> (a) An arbitrator may issue a subpoena for the attendance of a witness and for the <u>production of records and other evidence</u> at any hearing and may administer oaths. A subpoena must be served <u>in the manner for service of subpoenas in a civil action</u> and, upon [motion] to the court by a party to the arbitration proceeding or the arbitrator, enforced in the manner for enforcement of subpoenas in a civil action.
> (e) An arbitrator may issue a protective order to prevent the disclosure of privileged information, confidential information, trade secrets, and other information <u>protected from disclosure to the extent a court could if the controversy were the subject of a civil action in this State</u>.

(4) フランス民事訴訟法

> **Article 1460**
> 3 Where a party has in his possession an item of evidence, <u>the arbitrator may enjoin him to produce the same</u>.

(5) シンガポール国際仲裁法

> **Article 12 (Powers of arbitral tribunal)**
> 1 Without prejudice to the powers set out in any other provision of this Act and in the Model Law, <u>an arbitral tribunal shall have powers</u> to make orders or give directions to any party for --
> 　(b) discovery of documents and interrogatories;

第2　仲裁法及び仲裁規則の規定例

2　仲裁規則の規定例

● 主要な仲裁機関の仲裁規則においても，秘匿特権に触れるものは少なく（後掲 AAA-ICDR 国際仲裁規則，SIAC 仲裁規則等に限られる），かつ，AAA-ICDR 国際仲裁規則を除き，具体的な判断基準を規定する例は特に存在しない。

(1)　ICC 仲裁規則（2012 年改正）（和訳）

> 22条（仲裁の遂行）
> 2　当事者の別段の合意に反しない範囲で，仲裁廷は，効率的な事案管理の確保のため，当事者と協議の上，仲裁廷が適切と思料する手続的措置を講じることができる。
> 3　当事者の要請により，仲裁廷は，仲裁手続または仲裁に関連するその他の事項に関する守秘についての命令及びトレード・シークレット及び秘密情報の保護のための措置を命ずることができる。
> 4　すべての事案において，仲裁廷は，公平且つ不偏に振る舞わなければならず，どの当事者にも審問に参加するための適切な機会を確保するものとする。

(2)　UNCITRAL 仲裁規則

> Article 17 (General Provisions)
> 1　Subject to these Rules, the arbitral tribunal may conduct the arbitration in such manner as it considers appropriate, provided that the parties are treated with equality and that at an appropriate stage of the proceedings each party is given a reasonable opportunity of presenting its case. The arbitral tribunal, in exercising its discretion, shall conduct the proceedings so as to avoid unnecessary delay and expense and to provide a fair and efficient process for resolving the parties' dispute.
> Article 27 (Evidence)
> 3　At any time during the arbitral proceedings the arbitral tribunal may require the parties to produce documents, exhibits or other evidence within such a period of time as the arbitral tribunal shall determine.

第4章　国際仲裁における秘匿特権（Privileges）

(3)　ICSID 仲裁規則

Article 34 (Evidence: General Principles)
1　The Tribunal shall be the judge of the admissibility of any evidence adduced and of its probative value.
2　<u>The Tribunal may, if it deems it necessary</u> at any stage of the proceeding:
  (a)　<u>call upon the parties to produce documents</u>, witnesses and experts; and
  (b)　visit any place connected with the dispute or conduct inquiries there.
3　The parties shall cooperate with the Tribunal in the production of the evidence and in the other measures provided for in paragraph (2). The Tribunal shall take formal note of the failure of a party to comply with its obligations under this paragraph and of any reasons given for such failure.

(4)　LCIA 仲裁規則（2014 年改正）

Article 22.1 (Additional Powers)
The <u>Arbitral Tribunal shall have the power</u>, upon the application (Save for sub-paragraphs (viii), (ix) and (x) below) upon itsowninitiative, but in either case only after giving the parties a reasonable opportunity to state their views: and upon such terms (as to costs and otherwise) as the Arbitral Tribunal may decide
  (vi)　to decide whether or not to apply any strict rules of evidence (or any other rules) as to the admissibility, relevance or weight of any material tendered by a party on any issue of fact or expert opinion; and <u>to decide the time, manner and form in which such material should be exchanged between the parties and presented to the Arbitral Tribunal</u>;

第 2　仲裁法及び仲裁規則の規定例

(5)　HKIAC 仲裁規則（2013 年改正）（和訳）

Article 22（Evidence and Hearings）
22.3　At any time during the arbitration the arbitral tribunal may allow or require a party to produce documents, exhibits or other evidence that the arbitral tribunal determines to be relevant to the case and material to its outcome. The arbitral tribunal shall have the power to admit or exclude any documents, exhibits or other evidence.

(6)　AAA-ICDR 国際仲裁規則（International Dispute Resolution Procedures（Including Mediation and Arbitration Rules）（2014 年改正）：秘匿特権に言及する例

Article 22（Privilege）
The arbitral tribunal shall take into account applicable principles of privilege, such as those involving the confidentiality of communications between a lawyer and client. When the parties, their counsel, or their documents would be subject under applicable law to different rules, the tribunal should, to the extent possible, apply the same rule to all parties, giving preference to the rule that provides the highest level of protection.

(7)　SIAC 仲裁規則（2013 年改正）：秘匿特権に言及する例

Article 24.1（Additional Powers of the Tribunal）
　In addition to the powers specified in these Rules and not in derogation of the mandatory rules of law applicable to the arbitration, the Tribunal shall have the power to: p. determine any claim of legal or other privilege.

41

3 国際条約又は国際機関によるプロジェクト

● 国際条約又は国際機関によるプロジェクトにおける秘匿特権の規定例としては，以下の3例が挙げられる。ただし，ハーグ条約及びEC指令は国際司法共助（司法手続に関する多国間協力）に関する国際条約であり，ALI/UNIDROIT原則は民事訴訟法のモデルを提示するもので，いずれも仲裁手続に直接適用されるわけではない。

(1) 民事又は商事に関する外国における証拠の収集に関するハーグ条約（1970 Hague Convention on the Taking of Evidence Abroad in Civil and Commercial matters）

> Article 11
> In the execution of a Letter of Request the person concerned may refuse to give evidence in so far as he has a privilege or duty to refuse to give the evidence -
> (a) under the law of the State of execution; or
> (b) under the law of the State of origin, and the privilege or duty has been specified in the Letter, or, at the instance of the requested authority, has been otherwise confirmed to that authority by the requesting authority.
> A Contracting State may declare that, in addition, it will respect privileges and duties existing under the law of States other than the State of origin and the State of execution, to the extent specified in that declaration.

● 本条約締約国の裁判所は，自身に係属する司法手続のために，letter of requestにより，他の締約国の権限者に対して当該他国に所在する証拠の取得を求めることができる。日本は批准していない。

● 11条は，比較的幅広い秘匿特権の主張を認めている。主張権者により有利な法令の選択を許容する点で，後掲の最恵国待遇アプローチに近いと思われる。

(2) 民事又は商事に関する証拠の収集における加盟国の裁判所間の協力に関する EC 規則 1206/2001（Council Regulation (EC) No 1206/2001 on Cooperation Between the Courts of the Member States in the Taking of Evidence in Civil or Commercial Matters）

> Article 14
> 1　A request for the hearing of a person shall not be executed when the person concerned claims the right to refuse to give evidence or to be prohibited from giving evidence,
> 　(a)　under the law of the Member State of the requested court; or
> 　(b)　under the law of the Member State of the requesting court, and such right has been specified in the request, or, if need be, at the instance of the requested court, has been confirmed by the requesting court.

● 上記ハーグ条約と同様の目的を有する規則であり、EU 加盟国に適用される。

(3) ALI/UNIDROIT 原則（The Principles of Transnational Civil Procedure）

> Article 16（Access to Information and Evidence）
> 2　Upon timely request of a party, the court should order disclosure of relevant, non privileged, and reasonably identified evidence in the possession or control of another party or, if necessary and on just terms, of a nonparty. It is not a basis of objection to such disclosure that the evidence may be adverse to the party or person making the disclosure.
> Article 18（Evidentiary Privileges and Immunities）
> 1　Effect should be given to privileges, immunities, and similar protections of a party or nonparty concerning disclosure of evidence or other information.
> 2　The court should consider whether these protections may justify a party's failure to disclose evidence or other information when deciding whether to draw adverse inferences or to impose other indirect sanctions.
> 3　The court should recognize these protections when exercising authority

> to impose direct sanctions on a party or nonparty to compel disclosure of evidence or other information.

- 2004年にALI[(4)]及びUNIDROIT[(5)]が，民事訴訟手続の国際的調和を目的とし，民事訴訟・手続法作成・改正のガイドラインとなること及び国際商事仲裁に類推適用されることを意図して作成した原則。
- 18条につき，ALI及びUNIDROITが採択したコメンタリーは，①各司法制度によって秘匿特権の根拠や重要性が異なり，また，具体的な訴訟によっても秘匿特権の主張の重要性が異なること，さらに，②このような各司法制度・各訴訟における秘匿特権の重要性・意義の差異は，裁判所が当事者の文書不提出に対して不利益な推定（adverse inferences）を行う際の考慮要素となる旨を述べている。

---

(4) American Law Institute（米国法律協会）
(5) International Institute for the Unification of Private Law（私法統一国際協会）

第3　解釈及び実務の概括的傾向

● 少なくとも，当事者が仲裁合意をした（訴訟ではなく仲裁を選択した）ということが，各当事者が元来訴訟手続であれば有していたはずの秘匿特権を放棄したということを示唆するわけではないという点においては，異論はないようである。これは，①弁護士依頼者間のオープンなコミュニケーションを可能にするという弁護士依頼者間秘匿特権の実質的な効用，②秘匿特権概念を持つ法域に属する当事者の（秘匿特権によって保護されていることを前提に弁護士とコミュニケーションをとっていたという）合理的な期待，③秘匿特権は（仲裁廷の裁量事項である）手続事項に留まらない実体的な権利と解する見解もあること等を実質的な理由としている[6]。

● 国際仲裁実務においては，秘匿特権に関する判断は，手続事項として，（仲裁地法の強行法規が存在しない限りにおいて）両当事者の合意がない場合は，仲裁廷の広範な裁量によるというアプローチが主流と思われる。ただし，仲裁廷がどのような指針に従ってその裁量を行使するのかについては，手続全般に関する基本的な準則として当事者間の公平，公序との整合性，手続の効率性等を考慮すべき旨の定めは各国仲裁法や仲裁規則等に見られるものの，秘匿特権に特化したより具体的なレベルでの統一的な判断準則はないといってよい状況である。特に，実際の国際仲裁の場面では，当事者の国籍，代理人の国籍，仲裁人の国籍が，コモンロー法文化と大陸法法文化の相違というレベルを超えて，入り乱れることも珍しくないため，秘匿特権の有無や適用範囲については，仲裁廷のリーダーシップによって，各関係者の属する法文化，準拠法，手続規則といった要素に限らず事件の性質や当事者の意向を広く考慮した上で，ケースバイケースに決せられることが多い。

---

[6]　Greenwald & Russenberger・369 頁参照

第 4 章　国際仲裁における秘匿特権（Privileges）

- 実務的なプロセスとして，各当事者が秘匿特権を主張する文書のリスト（privilege log）を作成し，これを当事者間で交換し，双方に異議を出す機会が与える方式がとられることもあるが，当該リストを作成する実務自体，広く一般的に採用されているわけではない。また，その判断に当たっては，仲裁廷あるいは第三者の専門家によるインカメラ手続が行われる場合もある。

第4　秘匿特権の内容及び範囲の解釈について考えられる仲裁廷のアプローチの例

　前述のとおり，実務上は，仲裁が当事者の「合意」に基づく私的な紛争解決手段であることから，まずは，当事者間で協議して秘匿特権概念自体の適用の有無について合意を模索し，合意できない場合は仲裁廷が当該案件の要素を総合考慮して個別に判断する，というのが最もオーソドックスな手順と思われる。以下，（当事者が合意できない場合の）仲裁廷のアプローチ・指針の例を挙げる。

1　秘匿特権の解釈に適用される具体的な法令を何らかの方法で特定するアプローチ（準拠法アプローチ）

● 当事者が主契約の準拠法として選択した法によるアプローチ

　秘匿特権は実体法の問題であるという考え方と親和性がある。しかし，通常の場合，当事者が選択する実体準拠法は，秘匿特権を意識せず，これとは異なる配慮から選択される場合が多く，また，準拠法として指定した法域の外で行われたコミュニケーションについて秘匿特権が問題となる場合も多く考えられ，当事者の合理的期待を損なう可能性がある。

● 仲裁地の法によるアプローチ

　秘匿特権は手続法の問題であるという考え方と親和性がある。しかし，本アプローチも，対象となる証拠と仲裁地の関係が乏しい場合が考えられ，上記準拠法アプローチと同様に当事者の合理的期待を損なう可能性がある。

　なお，一般的に，秘匿特権については，コモンローでは実体法の問題として，大陸法では手続法の問題として論じられることが多いといわれる（しかしこれも一概にはいえない）。いずれにせよ，秘匿特権の問題を実体法・手続法のいずれかに割り切ることは困難な場合がある。

● 最密接関連地法アプローチ

ある書面やコミュニケーションがどの法域にもっとも近い関連を有するかを個別に検討するアプローチ。判断要素としては，仲裁地，書面の所在地・作成地，秘匿特権を主張する当事者の所在地，コミュニケーションの一方当事者である弁護士が弁護士資格の登録を受けている国等があり得る。しかし，証拠毎に個別的な判断を行うことの実務的な困難性，更に当事者毎に秘匿特権の基準が異なり得ることによる公平性の観点からの懸念等が指摘される。

弁護士依頼者間秘匿特権については，複数の従業員，弁護士が関与する場合，どの地の秘匿特権を考慮すべきかが問題となるが，例えば，より秘匿特権について敏感な対応がなされることが想定される弁護士（特にシニアの弁護士）の法域の法によるべきという考え方等がある。しかしこのような考え方によると，弁護士の選任に当たっての法廷地漁り（Forum Shopping）の危険性も生じ得るとの指摘もある。

2　特定の法律を適用することなく判断するアプローチ

- 当事者の意向尊重（deference）アプローチ

  秘匿特権の主張が誠実に（good faith）なされる限り，仲裁廷は秘匿特権を主張する当事者の主張内容を尊重すべきであるとするアプローチ。

- 公平アプローチ（最恵国待遇（MFN）アプローチ）

  両当事者が主張する中で最も保守的（protective）な基準を両当事者に公平に当てはめるアプローチ。他方で最も保守的でない基準を当てはめるという考え方も理論的にあり得るが，当事者の期待を損なう可能性が高い。

3　IBA 国際仲裁証拠調べ規則

- 国際法曹協会（International Bar Association）が国際仲裁手続の国際的な調和を意図して作成した仲裁手続における証拠調べに関する規則。
- 国際仲裁の実務では，当事者が，証拠手続について当該規則を適用すること又は当該規則をガイドラインとすることに合意する例が多い（ただし，当該手続に適用する手続規則としてしまうと，仲裁廷を拘束し，仲裁廷が同規則に

第4　秘匿特権の内容及び範囲の解釈について考えられる仲裁廷のアプローチの例

合致しない手続運営をした場合に，後に手続違反として問題になり場合によっては取消事由になること等があり得るため，あくまで仲裁廷を拘束しないガイドライン＝目安に留める傾向があるようである）。1999年制定時から秘匿特権に言及する9.2条が存在していたが，2010年改訂時に秘匿特権の具体的な判断基準に関する9.3条が置かれた。

IBA国際仲裁証拠調べ規則
第9条（証拠の許容性及び証拠評価）
1. 仲裁廷が，証拠としての許容性，取調べの必要性及びその証明力について判断をする。
2. 仲裁廷は，当事者の申立て又は職権により（on its own motion），以下の事由があるときは，文書，陳述書，証言又は検証結果を証拠又は提出物から排除しなければならない。
   (a) 当該仲裁事件との十分な関連性の欠如又は当該仲裁事件の結果にとっての重要性の欠如
   (b) 仲裁廷が適用されると判断した法令若しくは倫理規則上の法的障碍（legal impediment）又は秘匿特権
   (c) 証拠の提出要求に応じることが不合理な負担となるとき
   (d) 文書の紛失又は毀損が合理的に示されたとき
   (e) 営業上又は技術上の秘密であるとの理由により，仲裁廷がやむを得ないと判断したもの
   (f) 政治的にあるいは機関において特別にセンシティブ（政府又は公的国際機関において秘密として扱われている証拠を含む。）であるとの理由により，仲裁廷がやむを得ないと判断したもの
   (g) 手続の経済性，均衡，当事者の公正又は公平の考慮により，仲裁廷がやむを得ないと判断したもの
3. 第9.2(b)条に定める法的障碍又は秘匿特権について検討するにあたり，仲裁廷が適用されると判断した強行規定又は倫理規則において認められている限度で，仲裁廷は以下の事由を考慮することができる。
   (a) 法的助言を提供し又は得ることを目的とし，これに関連して作成された文書，陳述書又は口頭でのコミュニケーションの秘密を保持する必要性
   (b) 和解交渉を目的とし，これに関連して作成された文書，陳述書又は口頭でのコミュニケーションの秘密を保持する必要性
   (c) 法的障碍又は秘匿特権が発生したとされた時の当事者及び当事者のアド

49

第4章　国際仲裁における秘匿特権（Privileges）

　　　バイザーの期待
　　(d)　同意，既開示若しくは文書，陳述書，口頭でのコミュニケーション又はこれらに含まれている助言の積極的な使用（affirmative use）その他を理由として，適用される法的障碍又は秘匿特権が放棄されている可能性
　　(e)　<u>当事者間の公正及び公平を維持する必要性</u>。特に，<u>当事者が従わなければならない法令又は倫理規則が異なるとき</u>。
4.　仲裁廷は，適切であるときは，適当な秘密保護を条件として，証拠が提出され，又は検討されることを許可するための必要なアレンジメントを行うことができる。
5.　当事者が，文書提出要求に関し，適時に異議を申し立てず，かつ十分な説明をしないで求められた文書を提出しなかったとき，又は仲裁廷が提出を命じた文書を提出しなかったときは，仲裁廷は，当該文書が当該当事者にとって不利益なものである（adverse to the interest of that Party）と推認することができる。
6.　当事者が，その他の関連証拠（証言を含む。）の提出要求に関し，適時に異議を申し立てず，かつ十分な説明をしないで当該証拠を利用可能にしなかったとき，又は仲裁廷が提供を命じた証拠（証言を含む。）を利用可能にしなかったときは，仲裁廷は，当該証拠が当該当事者にとって不利益なものである（adverse to the interest of that Party）と推認することができる。
7.　仲裁廷は，当事者が証拠手続において誠実な対応をしなかったと仲裁廷が判断したときは，本規則上の他の措置に加え，仲裁費用（証拠調べ手続に関連する費用を含む。）を割り当てるに際して当該事情を考慮することができる。

2010年改正規則のコメンタリー

（1999 IBA Working Party & 2010 IBA Rules of Evidence Review Subcommittee による）

● 9.2(g)条は，キャッチオール規定であり，手続の経済性，均衡，当事者の公正，公平を確保することを意図したものである。例えば，ある国の司法制度のもとで秘匿特権が認められる書面について，異なる国の司法制度の下では秘匿特権が認められない可能性がある。そのような状況が不公平を創出する場合，仲裁廷は本規定に従い，形式的には秘匿特権の対象ではない書面についても提出対象から除外することができる。

第4　秘匿特権の内容及び範囲の解釈について考えられる仲裁廷のアプローチの例

- 9.3(a)条は，コモンローにおける弁護士依頼者間秘匿特権の概念及び大陸法における弁護士の秘密保持義務の概念のいずれも包含する規定である。
- 9.3(c)条は，当事者及びそのアドバイザーの，秘匿特権等が生じたといえる時点における期待が考慮されるべきであるという原則を規定するものである。
- 9.3(e)条は，両当事者の公正，公平を維持する必要性を強調する規定である。かかる要請は，特に各当事者の所在地法（home jurisdictions）の秘匿特権の扱いが異なる場合に生じる可能性がある。例えば，一方の法域では和解に関する秘匿特権を認め，他方では認めないという場合や，一方ではインハウス・カウンセル（in-house counsel：組織内弁護士）に弁護士依頼者間秘匿特権を認め，他方ではそうではない場合があり得る。そのような場合，両当事者に異なるルールを適用すると，一方の当事者は証拠の提出を拒絶できるにもかかわらず，他方は拒絶できないという形で当事者間に不公平が生じ得る。

第4章　国際仲裁における秘匿特権（Privileges）

第5　各国の訴訟手続における秘匿特権について

　上記のいずれのアプローチをとるにせよ，国際仲裁独自の秘匿特権というものは存在せず，つまるところ，関係する国の法制度が定める秘匿特権を，具体的な国際仲裁案件においてどのように取り扱うべきかという問題に帰着する（なお，前述のとおり，実際のプラクティスにおいては，仲裁廷がこの問題を判断する際の仲裁廷の裁量の比重は極めて高い）。その意味で，各国の法制度が秘匿特権を具体的にどのように取り扱っているのかについて概観することには意義があろう。以下，大陸法諸国及びコモンロー諸国の双方から，いくつかの例を簡潔に示す[7]。

　一口に「秘匿特権」と言っても，法域によっては弁護士の秘密保持義務に近いもの（依頼者側には認められていない）を秘匿特権と呼ぶ場合があるなど，その範囲や具体的な適用場面は多様であることに注意が必要である。また，特にインハウス・カウンセルに対して弁護士依頼者間秘匿特権が認められるか否かの判断に関連し，弁護士が，当該法域で資格を持つこと（EU等）や，被雇用者であってはならない等の特別の規律に服する"advocate"として当該法域で登録していること（ロシア等）が要求される法域もあること（下記第7参照）も留意されるべきである。

1　米　国
- 判例法により，伝統的にトライアル前ディスカバリー（pre-trial discovery）を拒否する手段としての秘匿特権が認められている。連邦民事訴訟規則は，"Parties may obtain discovery regarding any nonprivileged matter that is relevant to any party's claim or defense…"（Fed R. civ. P. 26 (b)(1)）と定

---

[7] ただし，紙面の都合上概括的な記載に留まっていること，また，秘匿特権に関する各国の法制度自体が流動的であり本稿に最新の情報が反映されているとは限らないことに注意が必要である。

めており，連邦証拠規則（501条，502条），各州の規則，アメリカ法律協会によるリステイトメント（68条-86条）に関連規定がある。
- 弁護士依頼者間秘匿特権（attorney client privilege）は，一般的に，①弁護士（attorney）とその依頼者間において，②秘密性をもって（in confidence），③依頼者のための法的な助力（legal assistance）を取得又は提供する目的で行われたコミュニケーションに対して与えられると考えられている。
- 実務では，特に③（依頼者のための法的助力を取得・提供する目的で行われたコミュニケーションといえるか）が，メルクマールとして機能する場面が多く，重要性が高いと言えよう。法的な（助力を与える）目的とは，ビジネス又は経済的な目的ではない必要があり，弁護士の法的なスキルを利用する目的があれば足りるとされるが，裁判所によっては，ビジネス目的だけであれば当該コミュニケーションは行われなかった旨を立証しなければならないという，より制限的なテストを提示するものもある（United States v Chevron Corp., No. C-94-1885, 1996 US Cist. LEXIS 4154 at *6-11 (N.C. Cal. Mar. 13, 1996)）[8]。
- その他にも様々な論点について一定の裁判例の蓄積がある。例えば，依頼者が企業である場合，どのレベルの従業員とのコミュニケーションが保護対象となるかについて，連邦最高裁は，当該従業員の果たす役割や保有する情報に着眼し，秘匿特権の判断要素として，(i)従業員が上位の職員の指示によって弁護士とコミュニケーションを取っているか，(ii)従業員が，会社に法的助言を得させる目的又は弁護士が法的助言を与えるために必要な事実を提供する目的でコミュニケーションをしているか，(iii)従業員が，会社が法的助言を得るために質問を受けるであろうことを十分に認識しているか，(iv)従業員の会社における職務の範囲内の事項に関するコミュニケーションであるか，(v)コミュニケーションに秘密性がある（confidential）かという5点を提示している（Upjohn Co. v United States 449 U.S. 383)[9]。

---

(8) Greenwald & Russenberger・326頁参照
(9) 弁護士が，Upjohn判決にのっとり秘匿特権を主張するためには，情報を得

第 4 章　国際仲裁における秘匿特権（Privileges）

- また，当事者が情報を第三者に対して開示した場合には当事者は秘匿特権を放棄したと解されるところ，意図しない開示（unintentional/inadvertent disclosure）を行ってしまった当事者が，秘匿特権を放棄したわけではないとし当該情報の返却を求めることができるか否かについて，(i)文書提出の規模に鑑みて合理的な回避措置を取ったか，(ii)意図しない開示（inadvertent disclosure）の規模，(iii)当該開示による影響度の大きさ，(iv)当該開示による損害を減少するためにとった措置の有無，及び(v)返却を認めることが公正にかなうかという 5 つの要素によるという具体的な判断基準を示した裁判例（Inhalation Plastics, Inc., v. Medex Cardio-Pulmonary, Inc.,（S.D. Ohio Aug. 28, 2012）等）が参考になる。

2　英国（England and Wales）

- 古くから判例法によって法的助言秘匿特権（legal advice privilege）が認められており，手続的な権利に留まらない実体的な権利と解されている（そのため，訴訟手続に限らず政府機関による調査等いかなる情報開示請求に対しても主張し得る）。
- 法的助言秘匿特権は弁護士依頼者間において，法的助言を提供／受領する目的のため，関連する法的文脈で（in relevant legal context）行われたコミュニケーションに対して認められ，純粋な法的側面に留まらない商業的・経営戦略的・渉外的事項を含んでいても，関連する法的文脈で行われる限り対象に含まれる[10]。

　ようとする従業員に対し，弁護士が企業を代理していること，企業に法的助言を求められていること，当該従業員は弁護士が必要とする情報を有していること，当該情報は他の方法では入手できないこと，及び弁護士とのコミュニケーションは confidential に行われることを通知（"Upjohn warning"）しなければならないとした裁判例もある（United States ex rel. Parikh v. Premera Blue Cross, No. 01-cv-0476, 2006 WL 3733783, at *7-8 (W.D. Wash. Dec. 15, 2006)）。

[10]　Greenwald & Russenberger・95-117 頁参照。

3 ド イ ツ

- 英米法系のような証拠開示（ディスカバリー）制度が存在しないため，秘匿特権は英米ほど重視されていない。
- ドイツ民事訴訟法（ZPO）は，ディスカバリー的な要素を持つ制度として，裁判所による文書開示命令等について規定を置いているが，要件が厳しい（当事者が当該文書について主張で言及したこと，実体法上当該文書提出を義務づけられていること（株主の帳簿閲覧権等）等）ため，当事者が秘匿特権を主張して開示を拒否する必要が生じる場面はそれほど多くない。裁判所は文書開示命令を当事者に対して強制的に執行することはできないが，不提出の事実から不利益な推認を行うことができる。
- しかし実務上，文書開示命令に対して当該訴訟に関する弁護士及び依頼者間のコミュニケーションであることを理由に開示を拒むという秘匿特権は認められており，その場合不提出の事実から不利益推認を受けることはない。ただし，裁判所が別途当該情報を入手した場合，裁判所は当該情報を証拠とすることができる。また，大陸法系に共通する概念として，弁護士は，法曹倫理規程及び刑法によって厳格な秘密保持義務を負っている[11]。

4 フ ラ ン ス

- 伝統的に証拠開示制度や秘匿特権概念は存在しない。しかし，弁護士は法曹倫理規程（French Bars Harmonized Regulations（Règlement Intérieur Harmonisé des Barreaux France））に基づく厳格な秘密保持義務を負い，依頼者から得た情報，委託を受けた案件に関して作成した文書や依頼者又は相手方代理人との間のコミュニケーション等を漏えいすることが禁じられている[12]。

---

[11] Greenwald & Russenberger・133-150頁参照。
[12] DLA-Piper・31頁参照。

第 4 章　国際仲裁における秘匿特権（Privileges）

5　中　国

- 大陸法系であり，ディスカバリー制度や秘匿特権概念は存在しない。
- 裁判所による積極的な証拠収集（裁判所自らの裁量又は当事者の請求による）としての文書開示命令は制度としては存在する（民事訴訟法 64 条）が，裁判所が実際に適用する例は少なく，対象書面が明確に特定されかつ案件にとって決定的な重要性を有する場合に限定されるため，実務上秘匿特権が問題になる場面は多くない。ただし，文書を所持する当事者が，相手方当事者が当該文書の存在を立証したにも関わらず合理的な理由なく提出しない場合，裁判所は当該書面の内容について不利益な推認を行う（民事訴訟の証拠に関する最高人民法院の若干の規定 75 条）。
- 弁護士は，弁護士法上，依頼者の営業秘密やプライバシーに関する秘密保持義務を負っており，また，法改正により重要事実を秘匿することは職務上の義務違反に当たらない旨が明記された。後者によって，依頼者に対する秘密保持義務が裁判所に対する真実義務に優先する場合があり得ることが明確になったと解されているが，解釈上，依然として秘密保持義務の主張だけでは裁判所による文書開示命令を拒否できない場合があり得ると解されている。また，2013 年の刑事訴訟法改正により，刑事事件における弁護士の秘密保持権が新しく規定されている[13]。

第 6　日本の訴訟手続における「秘匿特権」について

- 秘匿特権は法令上規定されておらず，秘匿特権に関する判例も確立していない[14]。下記のとおり，秘匿特権に類似する効果を有する制度は存在するが，

---

[13]　Greenwald & Russenberg・86-88 頁及び DLA-Piper・17 頁参照。
[14]　判例上秘匿特権が認められた例はない。なお，東京高判平成 25 年 9 月 12 日訟月 60 巻 3 号 613 頁は，独禁法 70 条の 15 に基づく審判事件記録の閲覧謄写申請に対する公正取引委員会の開示決定に関して，JASRAC が弁護士・依頼者間の秘密交通権等に鑑みて公正取引委員会の裁量権の逸脱濫用があった旨を主張して取消請求を行った事案において，「『弁護士・依頼者間秘匿特権』が我が国

第6　日本の訴訟手続における「秘匿特権」について

依頼者側が文書提出等を拒絶する権利の有無や範囲は明確でない。

- 秘匿特権類似の効果を有する制度としては，弁護士法上秘密保持義務が定められている（弁護士法 23 条）他，民事手続に関しては，民事訴訟法上の文書提出義務の例外条項（220 条 4 号）が存在する[15]。すなわち，文書提出義務の対象に関するキャッチオール規定（民事訴訟法 220 条 4 号）は，証言拒絶事由（同号イ・ハ）及び自己使用文書性（同号ニ）が認められる文書を文書提出義務の対象から除外している。

民事訴訟法
第 197 条（証言拒絶権）
次に掲げる場合には，証人は，証言を拒むことができる。
一　（略）
二　医師，歯科医師，薬剤師，医薬品販売業者，助産師，<u>弁護士（外国法事務弁護士を含む。），弁理士，弁護人，公証人，宗教，祈祷若しくは祭祀の職にある者又はこれらの職にあった者が職務上知り得た事実で黙秘すべきものについて尋問を受ける場合</u>
三　（略）

第 220 条（文書提出義務）
次に掲げる場合には，文書の所持者は，その提出を拒むことができない。
一　当事者が訴訟において引用した文書を自ら所持するとき。
二　挙証者が文書の所持者に対しその引渡し又は閲覧を求めることができるとき。
三　文書が挙証者の利益のために作成され，又は<u>挙証者と文書の所持者との間</u>

の現行法の法制度の下で具体的な権利又は利益として保障されていると解すべき理由は見出し難い」と判示している。

[15] 日弁連は，民事訴訟法を改正し，文書提出命令制度を拡大するとともに文書提出義務の例外として秘匿特権を明記することを議論・検討している（2012 年 2 月 16 日付「文書提出命令及び当事者照会制度改正に関する民事訴訟法改正要綱試案」参照）。また，内閣府による「独占禁止法審査手続に関する論点整理」（2014 年 6 月 12 日付）に対し，意見書（2014 年 7 月 17 日付）を提出しており，論点のひとつである弁護士・依頼者間秘匿特権について，公正取引委員会による行政調査手続において弁護士・依頼者間秘匿特権制度の導入が必要である旨意見を述べている。

の法律関係について作成されたとき。
四　前三号に掲げる場合のほか，文書が次に掲げるもののいずれにも該当しないとき。
　イ　文書の所持者又は文書の所持者と第百九十六条各号に掲げる関係を有する者についての同条に規定する事項が記載されている文書
　ロ　公務員の職務上の秘密に関する文書でその提出により公共の利益を害し，又は公務の遂行に著しい支障を生ずるおそれがあるもの
　ハ　<u>第 197 条第 1 項第 2 号に規定する事実又は同項第 3 号に規定する事項で，黙秘の義務が免除されていないものが記載されている文書</u>
　ニ　<u>専ら文書の所持者の利用に供するための文書</u>（国又は地方公共団体が所持する文書にあっては，公務員が組織的に用いるものを除く。）
　ホ　刑事事件に係る訴訟に関する書類若しくは少年の保護事件の記録又はこれらの事件において押収されている文書

- 自己使用文書性（220 条 4 号ニ）について
  - 自己使用文書性は利益衡量を含む評価概念である点に留意が必要[16]。
  - 通説は，法律関係文書（220 条 3 号）に該当する場合でも，自己使用文書性により文書提出義務を免れ得るとする[17]。ただし，本来は文書の客観的記載内容を問題とする法律関係文書概念を前提とすれば，当該文書がどのような目的のために作成されたかを問題とする自己使用文書性は法律関係文書の提出義務を制限する要因とすべきではないとする少数説もある[18]。しかし，かかる少数説に立った場合でも，「準備成果物のような高

---

[16] 山本・18 頁以下参照。例えば，最決平成 18 年 2 月 17 日民集 60 巻 2 号 496 頁は，「ある文書が，その作成目的，記載内容，これを現在の所持者が所持するに至る経緯，その他の事情から判断して，専ら内部の者の利用に供する目的で作成され，外部の者に開示することが予定されていない文書であって，開示されると個人のプライバシーが侵害されたり個人ないし団体の自由な意思形成が阻害されたりするなど，開示によって所持者の側に看過し難い不利益が生ずるおそれがある」場合には自己使用文書性が肯定されるとする（当該事案については自己使用文書性を否定）。

[17] 最決平成 12 年 3 月 10 日判時 1711 号 55 頁，最決平成 11 年 11 月 12 日民集 53 巻 8 号 1787 頁参照。

[18] 伊藤・419 頁

度の専有性を認められる文書に関しては，当事者の公平からも法律関係文書としての提出義務を認めるべきではない」とされる[19]。
- 証言拒絶事由（220条4号ハ）について
  - 「依頼者と弁護士との間の訴訟の打ち合わせや連絡内容を記録した文書」等については，「弁護士……の職にあるものが職務上知り得た事実で黙秘するもの」に当たる場合（弁護士の黙秘義務による証言拒絶が認められる場合）には，民事訴訟法197条1項2号・220条4号ハ該当性が認められ得る。
  - 弁護士ではなく依頼者自身が当該文書の提出を拒絶できるかについては，弁護士の黙秘義務は，弁護士自身の利益を保護するためのものではなく，依頼者の秘密保持の利益を保護するものとされていることや，220条4号ハの文言が，「文書の記載事項さえ黙秘義務の対象とされていれば，弁護士に限らず，文書所持人が提出義務を免れる趣旨」と解されることから，依頼者たる所持人も弁護士の黙秘義務を理由として，文書提出義務の不存在を主張できると解すべきとする見解がある[20]。

---

[19] 伊藤・425頁
[20] 伊藤・426-427頁。兼子・1204頁，高橋・174頁注(183)も同旨。

第7 国際仲裁手続において,インハウス・カウンセル（法曹資格を有しない日本の会社の法務部員等）に弁護士依頼者間秘匿特権は認められるか

1 日本法に基づいて判断する場合
- 上記の日本法の考え方を援用できる場合,対象文書に自己使用文書性又は証言拒絶事由が認められる限り,文書提出の免除を主張し得る可能性があると考えられる。

2 他国法における議論
- 下記の議論は基本的に訴訟手続を前提としている点に留意が必要だが,国際仲裁における判断においても一定の指針を与えるものと思われる。
- 判断の主要なポイントは,(1)組織内（in-house）であるか外部（external）であるか（雇用関係にあるか否か）,(2)有資格者（bar member）か否か（＝法曹倫理規程等による専門家としての規律を受けているか）,(3)外部弁護士と同じ機能（法的助言を与える）を果たしているか否かの3点に整理できると思われる。
- 秘匿特権概念が確立している英米及びEU（競争法分野）においては,(1)雇用関係の有無については,英米では雇用関係にあっても秘匿特権を主張できると一般的に解されているが,EUの裁判例は雇用関係にないことが必要であるとしている。(2)資格については,英国及びEUでは必要と解されるようだが,米国の裁判例は分かれている。しかし,いずれの法域でも,(3)外部弁護士と同じ法的助言を与える機能を果たしていることは必要と解されるようである。
- この点,(1)については,雇用関係にないことを必要であるとする見解に対しては,実務においてインハウス・カウンセルの活動領域が拡大し外部弁護士と同様の機能を果たしているという実態を考慮するべきである,雇用関係にあってもただちに法的助言を与える者としての独立性が失われるわ

第7 国際仲裁手続において，インハウス・カウンセル（法曹資格を有しない日本の会社の法務部員等）に弁護士依頼者間秘匿特権は認められるか

けではない等の批判的な意見が多い。他方，(2)有資格者であること・秘密保持義務等の専門家としての規律を受けることを必要とするかは，当該法域における資格取得の難易度等によっても判断が分かれ得るポイントと思われる。

(1) 米　国

- 原則としてインハウス・カウンセルにも独立した弁護士と同様の秘匿特権が認められる[21]。
- 他国のインハウス・カウンセルについては[22]，米国法が適用される場合[23]，基本的に有資格者であることの立証が必要とされている[24]。有資格者ではないインハウス・カウンセルについては，外部弁護士と同じような職能（法的助言）を果たしている他国（フランス）の会社の法務部幹部については弁護

---

[21] Shelton v Am. Motors Corp., 805 F.2d 1323, 1326 n.3 (8th Cir. 1986)。ただし，インハウス・カウンセルの業務が厳密な意味での法務に限定されない点，特に法務部員及び非法務部員双方を宛先とする文書については，法務と直接関係せず弁護士依頼者間秘匿特権の趣旨から外れるものが含まれている可能性がある点に鑑み，インハウス・カウンセルに対して，秘匿特権の適用は推定されず，法的助言といえる範囲でコミュニケーションが行われたことについて明確な立証をもとめる等，厳しい審査基準を用いる裁判例もある（In re Vioxx Prod. Liab. Litig., 501 F. Supp. 2d 789 (E.D. La. 2007), General Elec. Capital Corp. v DirecTV, Inc., No 3:97 CV 1901, 1998 WL 849389, at *6 *D. Conn. July 30, 1998 等）。

[22] なお，訴訟の係属している州とは異なる州の資格を持つ弁護士については，多くの裁判例が秘匿特権を肯定する（Georgia-Pacific Plywood Co. v. United States Plywood Corp., 18 F.R.D. 463, 465, 4666 (S.D.N.Y. 1956) 等）。

[23] 外国法が適用される場合には，当事者は，当該外国法上当該コミュニケーションが保護されていることを立証する必要がある（Rivastigimine Patent Litig., 2006 WL 3386767, at *5 (S.D.N.Y. 2006), McCook Metals LLC v Alcon, Inc., 192 F.R.D. 242,257 (N.D. III 2000)）。

[24] Gucci American, Inc. v. Guess?, Inc., 2011 WL 9375, at *1-2 (SDNY Jan. 3, 2011)

第 4 章　国際仲裁における秘匿特権（Privileges）

士依頼者間秘匿特権が認められるとする連邦レベルの下級審裁判例[25]が存在する一方，当該判決が定立した事実上同様の機能を果たしているか否かという判断基準を否定し，日本企業の法務部員について秘匿特権を否定した州レベルの裁判例[26]も存在するなど，裁判例は分かれている[27]。また，異なるアプローチとして，comity（国際礼譲）に基づき，外国法上当該インハウス・カウンセルにどのような秘匿特権を付与されているかによって判断するものがある[28]。

(2) 英　国

● インハウス・カウンセルは，有資格者であり，かつ，法的助言を与える専門家として機能している限り，秘匿特権の対象となると考えられる[29]。資格の有無については，控訴院（Court of Appeal）は，有資格者（すなわち，法廷弁護士（barrister），事務弁護士（solicitor）又は外国における有資格者）でない限り秘匿特権の対象ではないと判示している[30]。また，インハウス・カウンセルが秘匿特権の対象となるためには，純粋な商業的／経営的事項ではなく法的事項について助言を与える機能（外部弁護士と同じ機能）を果たしている必要があると解されている[31]。

---

[25] Renfield Corp. v. E. Remy Martin & Co., S.A., 98 F.R.D. 442（1982）

[26] Honeywell, Inc. v. Minolta Camera Co., 1990 WL 66182, at *3（D.N.J. 1990）

[27] Greenwald & Russenberg・332 頁

[28] Eisai Ltd. v. Dr. Reddy's Laboratories, Inc., 406 F. Supp. 2d 341（S.D.N.Y. 2005）等

[29] 依頼者と雇用関係にある legal adviser は，solicitor であれ barrister であれ，独立した弁護士と同じ秘匿特権を持つと判示した裁判例として Alfred Crompton Amusement Machines Limited v Commrs. Of Customs and Excise（No 2）[1974] AC 405。

[30] R（Prudential plc and Another）v Special Commissioner for Income Tax（Institute of Chartered Accountants and Others interviewing）[2010] EWCA Civ 1094

[31] Greenwald & Russenberg・99 頁

(3) E U

● 欧州競争法上の強制調査に対する秘匿特権の主張に関し，欧州司法裁判所のリーディングケースとされる AM&S Europe v. Commission（1982年）判決[32]は，欧州委員会が英国で行った抜き打ち調査に対し，英国のインハウス・カウンセルで欧州の弁護士資格を有さない者（non-EU qualified lawyer）と EU ベースの依頼者間のコミュニケーションに関する秘匿特権が主張された事案において，(1)雇用関係により依頼者の束縛を受けることのない弁護士で，かつ(2)欧州経済地域内の加盟国において法曹資格を有し，さらに(3)当該コミュニケーションが欧州委員会の調査に関する依頼者の防御という目的のために行われた場合でなければ秘匿特権は認められないという準則を示して当該主張を認めなかった。同種の案件に関する近年の Akzo Nobel Chemicals Ltd and Akcros Chemicals Ltd v. European Commission 判決[33]も，(1)雇用関係がないことが必要であるとする点で AM&S 判決を踏襲している[34]。

(4) その他ヨーロッパ各国

● インハウス・カウンセルに秘匿特権が認められるか否か[35]については，一

---

[32] Australian Mining and Smelting Europe Ltd v Commission of the European Communities, Case 155/79, 18 May 1982, (1982) ECR 01575

[33] 法務部員が，競争法に関する coordinator として雇用されたオランダ弁護士であったケースで，法務部員がオランダ法上法曹専門家としての倫理規程の適用を受けることから秘匿特権の適用となるとの主張を多くの法曹団体が支持した。しかし，欧州司法裁判所は，経済的な依存関係及び雇用関係に伴う緊密な関係がある場合，外部弁護士と同じレベルの専門家としての独立性はないと判断した。（Akzo v Commission, Case C-550/07, 14 September 2010 [2010] 5 CMLR19）

[34] Greenwald & Russenberg・351-353頁

[35] ただし，大陸法法文化の国においてインハウス・カウンセルの秘匿特権（privileges）が論じられる場合，弁護士の秘密保持義務・権利をインハウス・カウンセルが享受できるかという文脈であることがある点に留意が必要である。

第4章　国際仲裁における秘匿特権（Privileges）

般に，オランダ，ベルギー，ポルトガル等では認められ，スイス，イタリア，スウェーデン，ハンガリー，フランス，リトアニア等では認められていない（ただし，現時点で法改正等を検討している国もあり，状況は流動的である）[36]。

- ドイツでは，インハウス・カウンセルの秘匿特権について統一的な見解は存在しないが，下級審判決には，有資格者であるインハウス・カウンセルにつき，専ら法的助言に従事し，かつ，社内の役職上一定程度の独立性をもって法務カウンセルとしての業務を行うことができることを条件として秘匿特権が認められるとするものがある[37]。また，ドイツ連邦裁判所が，有資格者であるインハウス・カウンセルを，独立性がなく事務弁護士（solicitor）と認められないものと，十分な独立性を有し雇用関係の範疇を超える業務を行っており事務弁護士（solicitor）と認められるものの2類型に区分する（Federal Court of Justice（BGH），Federal Court Reporter（BGHZ）no 141, pp69, 76）ことから，秘匿特権の適用範囲についても，雇用関係の有無によって一義的に区別するのではなく，業務上十分な独立性を有しているか否かを個別具体的に判断するべきとする見解もある[38]。

- スイス，フランス，イタリア，スウェーデン，リトアニア等ではインハウス・カウンセルは法曹協会（bar）に登録できないため，秘匿特権を享受できない状況にあるといわれる（ただし，フランスではインハウス・カウンセルに対する秘匿特権の付与について議論がなされており，イタリア等でも一定の例外がある）。また，ロシアは伝統的にインハウス・カウンセルに秘匿特権を認めない（秘匿特権等の専門家特権が認められる"advocate"として登録されるためには，個人開業者（sole practitioner）であるか弁護士（advocate）のみから成る協会（chamber）に雇用されている者でなければならない）ため，ロシア法の影響を受ける国では同様に認められないといわれる[39]。

---

(36) DLA-Piper 参照
(37) District Court（LG）Munich, Answaltsblatt（AnwBl），1982, p197 et seq
(38) Greenwald & Russenberg・149頁
(39) Business Law Journal・66頁，DLA-Piper・71頁等。

(5) 中　国

- 秘匿特権は確立されていないが，弁護士の秘密保持義務の適用の有無は，弁護士法の適用対象である弁護士に当たるか否かに依存し，インハウス・カウンセルであるか否かは無関係である。

【参照文献】

Born (2014)：Gary Born「International Commercial Arbitration Volume II」（Wolters Kluwer）（2014）

Born (2011)：Gary Born「International Arbitration Cases and Materials」（Wolters Kluwer）（2011）

Richard Mosk and Tom Ginsburg「Evidentiary Privileges in International Arbitration」（International and Comparative Law Quarterly（UK））（Cambridge University Press, 2001）

Craig Tevendale and Ula Cartwright-Finch「Privilege in International Arbitration: Is It Time to Recognize the Consensus?」（Journal of International Arbitration, 2009）

Michelle Sindler and Tina Wustemann「Privilege across borders in arbitration: multi-jurisdictional nightmare or a storm in an teacup?」（Bar & Karrer, 11 July 2008）

Greenwald & Russenberger：David Greenwald and Marc Russenberger「Privilege and Confidentiality: an International Handbook 2nd Edition」（Bloomsbury Professional, 2012）

Peter Ashford「The IBA Rules on the Taking of Evidence in International Arbitration – A Guide -」（Cambridge University Press, 2013）

DLA-Piper「Legal Privilege Handbook 2013」（http://www.dlapiper.com/en/us/insights/publications/2013/04/legal-privilege-handbook-2013/）

Zuberbühler：Tobias Zuberbühler, Dieter Hofmann, Christian Oetiker, Thomas Rohner「IBA Rules of Evidence – Commentary on the IBA Rules on the Taking of Evidence in International Arbitration」（Schulthess, 2012）

伊藤：伊藤眞「自己使用文書としての訴訟等準備文書と文書提出義務」（佐々木吉男先生追悼論集「民事紛争の解決と手続」415 頁（2000 年））

兼子：兼子一原「条解民事訴訟法〔第 2 版〕」

髙橋：髙橋宏志「重点講義民事訴訟法　下〔補訂第 2 版〕」

藤田泰弘「本社法務部の部課長は米国の In-House Counsel と同じ Attorney-Cli-

第 4 章　国際仲裁における秘匿特権（Privileges）

ent Privilege を主張できるか」（国際商事法務 Vol. 21, No. 4（1993）410 頁）
山岸：山岸和彦「EU 法の最前線第 130 回　競争当局の調査と弁護士秘匿特権の社内弁護士への適用の有無 ─ アクゾノーベル事件 ─」（貿易と関税 2011 年 2 月 75 頁）
Business Law Journal：「弁護士依頼者間秘匿特権の疑問解消」（Business Law Journal 2013 年 4 月 49 頁）

公益社団法人日本仲裁人協会 模擬国際仲裁プロジェクトチーム ［編］

〈監修者及び執筆者〉

【監修者】

　手塚 裕之（弁護士　西村あさひ法律事務所）

　古田 啓昌（弁護士　アンダーソン・毛利・友常法律事務所）

　高取 芳宏（弁護士　オリック東京法律事務所・外国法共同事業）

　児玉 実史（弁護士　北浜法律事務所・外国法共同事業）

【執筆者】

　鈴木 毅（弁護士　桃尾・松尾・難波法律事務所）

　井上 葵（弁護士　アンダーソン・毛利・友常法律事務所）

　河端 雄太郎（弁護士　西村あさひ法律事務所）

　落合 孝文（弁護士　森・濱田松本法律事務所）

　清水 茉莉（弁護士　アンダーソン・毛利・友常法律事務所）

　一色 和郎（弁護士　オリック東京法律事務所・外国法共同事業）

　髙橋 直樹（弁護士　小島国際法律事務所）

国際仲裁教材

2015(平成27)年1月28日　第1版第1刷発行
6911-01011

Ⓒ編　者　　公益社団法人 日本仲裁人協会
　　　　　　模擬国際仲裁プロジェクトチーム

発行者　　今井　貴　稲葉文子

発行所　　株式会社 信山社
　　　　　〒113-0033 東京都文京区本郷6-2-9-102
　　　　　Tel 03-3818-1019　Fax 03-3818-0344
　　　　　info@shinzansha.co.jp
　　　　　出版契約2015-6911-6-01011　Printed in Japan

印刷・製本／東洋印刷株式会社

JCOPY 〈(社)出版者著作権管理機構 委託出版物〉
本書の無断複写は著作権法上での例外を除き禁じられています。複写される場合は、そのつど事前に、(社)出版者著作権管理機構（電話03-3513-6969、FAX 03-3513-6979、e-mail: info@jcopy.or.jp）の許諾を得てください。

国際法先例資料集〈1〉－不戦条約
【日本立法資料全集】　柳原正治 編著

プラクティス国際法講義（第2版）
柳原正治・森川幸一・兼原敦子 編

《演習》プラクティス国際法
柳原正治・森川幸一・兼原敦子 編

国際法研究　[最新第3号 2015.3刊行予定]
岩沢雄司・中谷和弘 責任編集

ロースクール国際法読本　中谷和弘 著

国際法論集
村瀬信也 著

実践国際法
小松一郎 著

小松一郎氏追悼　[2015.5刊行予定]
国際法の実践—小松一郎の生涯（仮）
村瀬信也・秋葉剛男 編

信山社

『大量破壊兵器の軍縮論』黒沢満 著

9.11、イラク戦争を経て、大きな変化を遂げつつある国際安全保障の基本的な考え及びその枠組み。国際安全保障環境の変化を分析した上で、広義の軍縮問題の現状を指摘し、将来の展望を行うと同時に可能な政策提言を行う。その際、日本はそれぞれの問題にどう対応すべきか、またどのような役割を果たすことができるかも論じられる、今、彷徨える日本の安全保障に必読の書。

『軍縮国際法』黒沢満 著

冷戦後の軍縮の進展を体系的に分析。21世紀に入って、米国の単独主義を背景として、軍縮の進展が停滞し、あるいは後退している状況となり、テロリストなど新たな脅威も発生している。本書は、これらの否定的展開を分析し、それにいかに対応して、新たな軍縮の進展を進めるかについても検討を加え、さまざまな提案を行う。

『新しい国際秩序を求めて ― 平和・人権・経済』黒沢満 編

川島慶雄先生の還暦記念論文集。川島先生から直接指導を受けた者により書かれた論文より構成されるが、各自の専門を活かしつつ、かつ現代の変換期を正面からとらえ、新しい国際秩序の形成という統一テーマをふまえて執筆。

植木俊哉 編
グローバル化時代の国際法

中村民雄・山元一 編
ヨーロッパ「憲法」の形成と各国憲法の変化

森井裕一 編
国際関係の中の拡大EU

森井裕一 編
地域統合とグローバル秩序
―ヨーロッパと日本・アジア―

吉川元・中村覚 編
中東の予防外交

八谷まち子 編
EU拡大のフロンティア
―トルコとの対話―

信山社

核軍縮不拡散の法と政治
――黒澤満先生退職記念

浅田正彦・戸崎洋史 編

NPT体制の動揺と国際法〔浅田正彦〕/ 安全保障と軍備管理〔納家政嗣〕/ 核軍縮・不拡散問題における国際機関の役割と課題〔阿部信泰〕/ 日本の軍縮・不拡散政策〔天野之弥〕/ 戦略核軍縮の現状と課題〔岩田修一郎〕/ 核軍備管理における「レーガン再評価」の考察〔吉田文彦〕/ 米国核政策の展開〔梅本哲也〕/ 中国と核軍縮〔小川伸一〕/ 欧州における核軍縮・不拡散〔佐渡紀子〕/ 多国間核軍縮・不拡散交渉と核敷居国問題〔広瀬訓〕/ 核実験の禁止と検証〔一政祐行〕/ 核軍縮と広島・長崎〔水本和実〕/ 核兵器拡散防止のアプローチ〔戸﨑洋史〕/ 核拡散問題と検証措置〔菊地昌廣〕/ 平和利用の推進と不拡散の両立〔秋山信将〕/ 中国向け輸出管理〔村山裕三〕/ 核不拡散の新しいイニシアティヴ〔青木節子〕/ 米国の核不拡散政策〔石川卓〕/ 6者会談と北朝鮮の原子力「平和利用」の権利〔倉田秀也〕/ 中東の核問題と核不拡散体制〔堀部純子〕/ 非核兵器地帯〔石栗勉〕/ 北東アジア非核兵器地帯の設立を求めるNGOの挑戦〔梅林宏道〕/ 核テロリズム〔宮坂直史〕/ 核セキュリティと核不拡散体制〔宮本直樹〕

核軍縮と世界平和
黒澤 満 著

核軍縮入門
[信山社現代選書] 黒澤 満 著

軍縮研究　1号～（続刊）
日本軍縮学会 編

軍縮辞典　（近刊）
日本軍縮学会 編

普遍的国際社会への法の挑戦
――芹田健太郎先生古稀記念

坂元茂樹・薬師寺公夫 編

新EU論
植田隆子・小川英治・柏倉康夫 編

EU権限の判例研究（近刊）
中西優美子 著

ヨーロッパ地域人権法の憲法秩序化
小畑 郁 著

信山社